機能不全家庭で死にかけた私が生還するまで

Bambi Yoshikawa
吉川ばんび

晶文社

装丁――――岩瀬聡
カバー写真　Getty Images

まえがき

「生きづらさとは、一体何か」

物心がつく頃にはすでに、私は自分の中に存在している痛みや苦しみの正体を追い求めていたように思います。この本が刊行される時点で私は31歳ですが、未だにその答えを完全に掌握することはできていません。これからさらに数十年は続くであろう人生において、私は死が訪れるその日までひたすら「生きづらさ」について考え続けるのかもしれません。

私は貧困問題や人権、家族の問題などを手掛ける作家（ジャーナリストと呼ばれることもあります）として活動しています。これまで多くの人たちを取材し、ひとりひとりの抱える「生きづらさ」と対峙してきました。そして私自身、貧困や家族の問題による「生きづらさ」を抱えた精神疾患の当事者でもあります。

私が育った家庭はいわゆる「機能不全家庭」と呼ばれるものでした。家庭内不和により会話はほとんど無く、代わりに怒号が飛び交い、暴力による支配が行われているのが日常だったのです。死に物狂いで家から逃げ出したとき、20年以上続いた地獄がようやく終わったのだと、心の底から安堵しました。しかし現実とは残酷なもので、私はその日、気が付かないまま「第二の地獄」に足を踏み入れていたようです。

第二の地獄で私を待ち受けていたのは、家族の亡霊たちでした。実体を持たない彼らは私の脳内に棲み付いていて、来る日も来る日も悪夢を見せるようになりました。眠ろうとすれば必ず彼らが目の前に現れて、私を罵倒し、殴ったり蹴ったりするのです。不思議なことに彼らは体を持っていないにもかかわらず、私に痛みまで感じさせることができました。第一の地獄で、私が五感を通して知った苦痛が、光景が、声が、匂いが、今まさにここで起きていることのように鮮明に感じられるのですから驚きです。

家族の亡霊たちに取り憑かれてからというもの、私はみるみる生気を失っていきました。仕事が続けられなくなるほど体は弱り、ものが食べられなくなり、食べても胃が受け付けずに吐くか下すかしてしまうので、いよいよ体脂肪率は4%を切りました。免疫機能に異常をきたして、肌が黄色く変色して倒れてしまうまで、私は生きる屍のように職場と自宅を往復するだけの日々を送っていたようなのです。

毎日悪夢に襲われ、体調が戻らず離職したまま復職することも叶わないなか、常に「死」と隣り合わせで生き続けることに疲弊し切っていた私は、これまで以上に「生きづらさ」について考えるようになりました。


生きづらさとは、一体何か。それさえなくなれば、私はまだこの先も生きていけるだろうか。

答えを追い求めるうち、いつしか私は当事者として文章を綴り、あるいは同じく生きづらさを抱えた人々に取材し、世の中に送り出すようになりました。そのなかで、社会には自分と同じように、正体がわからない生きづらさに苦しめられている当事者が、想像を遥かに超えた数存在することを初めて知りました。

取材を通して見えてきたのは、生きづらさの大きな原因のひとつが「機能不全家族」にあることです。そしてその生きづらさが、世代間で連鎖していくこともわかりました。

生きづらさの連鎖を止めるには、次の世代に同じ地獄を味わわせないようにするには、まずは問題を多くの人に知ってもらわなくてはなりません。社会における認知度が上がれば、問題解決のために新しい法律や制度が作られたり、既存のシステムや支援制度が見直されたりと、一気に社会が変化しはじめるためです。

本書では、機能不全家庭に生まれ育ち、生きづらさを抱えながら生きてきた私が、その来歴を振り返りながら、「スキーマ療法」などの心理療法を体験して回復するまでを綴っています。さらに様々なデータを参照しつつ、社会状況を交えて「生きづらさ」問題による社会への影響、性質を解説しているのも本書の大きな特徴です。

私と同じように「生きづらさ」を抱えた当事者の方には、本書を通して生活のサポートやヒントが得られるように、当事者以外の方には問題の概要を知ってもらえる啓発書としての機能を果たすことを目指して、この本を書き上げました。

こうして筆を執っている今、私は第二の地獄からようやく抜け出したであろう地点にいます。私が立っているこの場所が新しい地獄か天国か、あるいはその真ん中なのかも、現時点ではまだわかりません。それでも「生きづらさ」は以前よりもずっと存在感を薄め、ようやく「生きていて楽しい」と思える日を迎えることができました。

本書が少しでも誰かの役に立てるなら、私にとってこれ以上喜ばしいことはありません。

一人でも多くの人が、一日でも早く「生きづらさ」から解放されることを心から願っています。

2023年4月某日
吉川ばんび

機能不全家庭で死にかけた私が生還するまで

目次

第1章 「見えざる弱者」とは誰か――貧困・虐待・障害は目に見えない

第2章

機能不全家庭で育つということ——アルコール依存の父、泣く母、暴力的な兄

第3章 愛着の形成が持つ大きな影響力──「生きづらさ」の正体とは?

第4章 生きづらさの根底と向き合う──スキーマ療法との出会い

第5章 幼少期に受けた傷からの回復──母との絶縁まで

終章 機能不全家族から回復するために――予防すること、孤立しないこと

第1章

「見えざる弱者」とは誰か

貧困・虐待・障害は目に見えない

「見えざる弱者」という存在

「社会的弱者」と聞いたとき、あなたはどんな人を想像するでしょうか。

その人は、身体障害を持っているでしょうか。難病と闘っているでしょうか。それとも国籍・宗教など、何らかの事情で差別を受けていますか。あるいはシングルマザーで一人で子どもを育てている人でしょうか。

一般的に「社会的弱者」と聞くと、大きな集団の中で言動や社会進出を制約されるなど、著しく不利な状況に置かれている人々を思い浮かべることが多いのではないかと思います。

しかし、この「社会的弱者」の中には「支援が必要な状態であるにもかかわらず表面上は『普通の人』と変わりがないため、誰からも気付かれない人」も存在しています。

外からは家族仲が良さそうに見えるけれども、実は家庭内で日常的に暴力をふるわれていて、誰にも助けを求められない人。本人が自覚していない精神的不調による心身症に長年苦しんでいて、生活や仕事に支障をきたしている人や、隠れた貧困など。

便宜上私は、彼らを「見えざる弱者」と呼んでいます。

多くの人が想像する「支援が必要な人」は、実際に何らかの支援を必要としている人たち全体のあくまで一部に過ぎません。車椅子に乗っている人、シングルマザー、電車で杖をついて立っている高齢者、生活保護を受給している人。これらの方々に支援が必要であることを私たちが認識できているのは彼ら、彼女らへの「理解」がある程度広がりつつあるからかもしれません。

もちろん「社会的弱者」と呼ばれる人の中でも比較的、世間一般に知られているであろう人々に対してでさえ、今現在、世間の理解や支援が十分に、完璧に行き渡っているとは思いません。バリアフリー化されていない環境や就労困難、生活保護申請の難しさなどによる貧困、理不尽な差別などで苦しんでいる人たちはまだ多く存在しているのが現状ですし、社会的課題として取り組まねばならない問題も山積みです。

さらに、見えざる弱者はそもそも、簡単には「支援が必要な状態である」とはわかりません。多くの場合、彼らは無理をしながらも必死に社会に溶け込もうとしていて、心身が健全な人との区別が付きづらいのです。さらに彼ら、彼女らは周りから気付かれないばかりか、自分自身でさえも「この状態が異常である」と認識できていないため誰かに助けを求めることもできない状況に置かれています。どれだけ辛い思いをしていようと、それでも社会に過剰に適応しようとした結果、逃げる手段さえ選択できなくなってしまうのはとても恐ろしいことです。

自己責任論がもたらした弊害

「助けを求めない」心理の背景には、現代の日本において「自己責任論」が広く浸透していることが理由の一つとして考えられます。

特に私のように、貧困層やなんらかの疾患を抱えている人たちの存在を報じる仕事をしていると、苦境にある人に対して「努力不足だ」とか「自業自得だ」といった言葉の槍が次々と放たれる光景を目の当たりにするのは日常茶飯事です。

大学卒業後にそこそこの企業へ就職し、結婚して子どもを持ち、定年退職するまで働き続けるという、誰が決めたかもわからない「社会のレール」から外れてしまった人々は、自己責任で片付けられ、切り捨てられる社会になりつつあるのです。

日本では長らく終身雇用が一般的であり、入った会社を辞めずに定年まで勤め上げることが善しとされ、美学とされてきました。そのため、会社を退職・転職することに対してはマイナスのイメージが非常に強く根付いており、やむを得ない事情で退職を余儀なくされた人々は「負け組」と言われたり、再就職ができない状態で困窮していれば「自己責任」だと批判されたりしたのです。

「就職氷河期」と言われた2000年前後から、自己責任論はメディアやネットでも大きく唱えられるようになり、中途退職者や非正規雇用、低賃金で働く人たちを社会から切り離してきました。

そんななか、2019年に自動車メーカーのトヨタが「終身雇用の維持が困難」だと発表し、世間を大きく賑わせたことはみなさんにとっても記憶に新しいかと思います。富士通などの大企業が続々と社員をリストラし、経団連までもが「終身雇用制度は企業にとってインセンティブがない」と表明したことで、ようやく日本が「終身雇用の崩壊」に直面していると人々に認識されるようになったのです。

しかしながら先述の通り、ほんのここ数年前までの日本では「転職をすれば給料は下がる」「社会的信用が落ちる」「3年は辞めずに働かないと転職できない」などと、退職＝悪であるという言説がまことしやかにささやかれていました。そんな環境下では、会社を退職すること自体があたかも「人生リタイア宣言」であるかのように思えるほど追い込まれてしまうのも頷けます。

ましてや退職の原因が世間でタブー視されがちな「心身の不調」であれば、「自分はもう二度と人並みのキャリアを築くことができないのではないか」と不安に思うのも無理はないでしょう。こうして、この国では誰も助けを求められない社会ができあがっていきました。

つまるところ「自己責任論」は現在にいたるまで、日本で生活し、働いている私たち自身の首をゆっくりと絞めていったのです。

ああなったら終わりだ

他人にも自分にも厳しいことが「是」とされる不寛容な社会では、弱みを見せることがほとんど「死」を意味しているように思え、再起不能だと判断されて切り捨てられることを恐れるあまり「まだやれる、まだがんばれる」とファイティングポーズをとり続けなくてはならなくなります。

例えば、強いストレスによって仕事に支障が出るほどの不調を抱えているとき、すぐに自分自身に休息が必要であることを認め、会社に事情を説明して休職を申し出ることができる人はどれくらいいるでしょうか。

こういったケースでは「辛いのはみんな同じなのに」「自分が甘えているだけではないか」といった風に休職を「逃げ」だと感じてしまったり、会社に迷惑がかかることや元の立場に戻れなくなるかもしれない不安に駆られたりして、休みたくても休めない人の方が圧倒的に多いように感じます。

また、たとえ本人が休職を希望していても会社側が受け入れようとしない場合も往々にしてあります。十数年前に比べれば今はうつ病や自律神経失調症などへの理解が進みつつありますが、そもそも社員が休職する想定をしていない会社では休職期間のサポート体制は整っておらず、復帰後のポストを確保することの検討すらされません。「仕事を数ヵ月休まれて給料まで支払うくらいなら、いっそ辞めてもらって新しく人を採用する方が都合がいい」のが本音でしょう。

「もう使い物にならない」と判断されるやいなや簡単に切り捨てられるような社会の現状では「休職をすれば二度と復帰できないかもしれない」と考え、心や体の不調を隠したまま自分に鞭を打って働き続ける人たちが後を絶たないのも当然です。

これまで通りの働き方を続けながら自然に体調を整えるか、治療を行うことで回復できるのであればさして問題はないのですが、長期間に及ぶストレスが原因で起きる精神の不調や心身症の場合は非常に複雑で、治療に数年以上を要したり症状が悪化し続けたりすることがあります。一度壊れてしまった心や体が元どおりになるのは、それだけ難しいのです。

まだ大丈夫、まだがんばれる

「うわあ、ちょっと、それどうしたの」

24歳の秋ごろだったか、デスクトップに齧り付くように顔を近づける私の背後から声をかけてきたのは、プライベートでも飲みにいく間柄だった上司の女性。当時の私は残業続きで、毎日夜遅くまで会社に残ったり休日を返上して出社したりとろくに休みもせず、とにかく生活のほとんどを仕事に捧げていました。

その日も気が付けばとっくに22時を過ぎていて、疲労でパンクしかけた頭ではいくら考えても上司が言ったことの意味がわからず、豆鉄砲を食らった鳩のような顔で振り返り「どうしたのって、何がですか？」と聞き返すのがやっとでした。

するとなぜか彼女まで豆鉄砲を食らった鳩みたいな顔をしていて、振り返った私の顔を見るやいなや、さらに目をまん丸にしながら「うわ、顔まで。皮膚の色、なんか異常だよ」と言って私の手を指さしました。

言われてみると、確かに自分の皮膚が異様に黄色い。もともと色が白く日焼けをすると肌の色が変わりやすい体質ではあったものの、日焼けをしたときとは明らかに様子が違って、皮膚全体が若干オレンジがかったような黄色みを帯びていたのです。

今日はもういいから早く帰りなさい、と促されるまま仕事を切り上げた帰り道でここしばらくの自分の生活や体の変化を顧みると、悪い部分しか頭に浮かばず「そろそろ限界かもしれない」と考え至りました。

その頃の私は、毎朝激しい胃の痛みとともに目覚め、嘔吐や下痢をくりかえしながら一人暮らしのアパートと会社を行き来するだけの日々を過ごしていました。通勤電車では必ずと言っていいほど吐き気と腹痛、それに伴う震えや冷や汗に襲われ、途中下車をせずに会社の最寄駅にたどり着くことはほぼ不可能。ひどければ会社に到着してからも症状はおさまらず、いつ吐いてしまうかわからない不安からデスクにエチケット袋を置くことが頻繁にあるような状態でした。

当時の体重は30kg台しかなく、体脂肪率は4％まで低下。頬骨や肋骨が浮き上がっていて、誰が見ても健康状態が悪い体つきをしていたにもかかわらず、私は「まだ大丈夫、まだがんばれる」と自分に言い聞かせながら出社を続けていたのです。

今になって考えると私は肉体的な疲労に加え、精神的にも相当参っていたのだと思います。朝から夜遅くまでひっきりなしに鳴り続ける電話、顧客からの理不尽なクレームに、むちゃくちゃな要求。2時間近くも電話を切らせてもらえず押し問答を繰り返すこともあり、昼食は毎日16時か17時にならないと食べる余裕はありません。

激務のために職場はいつもギスギスしていて、電話応対などの非属人的な仕事をみんなが押し付け合い、常に怒号が飛び交っているような労働環境だったため、新しく社員が採用されても数日から数ヵ月で辞めてしまうことがほとんどです。大声が苦手な私は「怒鳴り声を聞くくらいなら……」と誰かが押し付け合っている仕事を仕方なく引き受けて、さらに自分の負担を増やしていたのでした。

そんな生活を2年間続けた私の体はもうぼろぼろになっていたらしく、「限界かも」と自覚したときにはすでに、どうにもこうにも誤魔化しがきかないレベルにまで達してしまっていたようです。

肌の色は日に日に悪くなり、そのうち同僚たちからも次々に「病院に行った方がいい」と心配されるようになったため内科を受診すると、医師からはまず最初に黄疸《おうだん》を疑われました。しかし検査の結果、肌が黄色くなった原因は肝臓ではなく意外にも膵臓と胃腸であることがわかりました。「おそらくストレスや過労で炎症を起こしているのではないか」と説明されたのち、医師から「これ以上痩せると緊急入院の措置を取らざるを得ません」ときつく忠告されたことで、私はようやく自分に休息が必要であることを理解しました。

しかし当時いた会社では休職制度がほとんど機能しておらず、無いに等しいものでした。そのため、私はこれからの生活をどうするか大きな不安を覚えつつも退職する決意を固めたのです。

治療をはじめるも、一向に良くならない体

その頃私が住んでいたアパートの家賃は6万円。生活費と奨学金の返済額、さらに治療にかかる通院費も含めれば、どれだけ切り詰めても毎月生きていくのに最低12万円ほどは必要になります。やりくりして給料から貯金はしていましたが、毎月実家へ仕送りもして

いたため、会社を辞めたときに自分の口座に残っていた金額は100万円ほど。失業手当をもらったとしても、このままだと1年以内に生活ができなくなることは明らかでした。

退職から半年ほど経った頃、私は焦っていました。すぐに良くなるだろうと思っていた体の調子が一向に戻らないどころか、いよいよベッドから起き上がることすら困難になってしまったのです。腹痛や嘔吐の症状があるときに外出する必要がなくなったことは救いでしたが、その反動なのか何なのか、今度は外へ出ることが怖くてたまらなくなりました。週にたった一度スーパーマーケットへ買い出しに行くのですら、いつ気分が悪くなるかわからない不安と戦いながら一念発起して家を出なければならない有様で、店内で急に視界がぐるぐると回転して冷や汗が吹き出し、立ち上がれなくなることもしばしば。

こんな調子で、あと数ヵ月以内にまた働き始めることはできるのだろうか。きっともうフルタイムで人並みに働くことは難しいだろうし、仕事を探すにしても正社員は厳しいだろうな。アルバイトなら、様子を見ながら少しずつシフトを増やすこともできるだろうか。……いや、それはそれで迷惑をかけてしまいそうで不安だなあ。

少なくなった通帳の残高を見ながらあれこれ考えていると、まるで社会から完全に孤立してしまったように思えて、生きた心地もしませんでした。役所や病院など、然るべき機関にこれからの生活について相談をしたこともありました。するとどこへいっても、開口一番にこう言われるのです。

「もし働けないのであれば、ご家族やご親族に援助をしてもらってください」

後述しますが、私には助けを求められる身寄りが一切ありません。一人暮らしをやめて親元へ帰ることも叶いません。

それでもなお「まずは親族援助を」の回答が覆ることはありませんでした。

仕送りをする「宛て」はあっても、金銭的援助をしてくれる家族など一人も存在しない。

そんな個々の事情は、なかなか理解されないのかもしれません。

理解されなかった人、見つけてもらえなかった人

一般に「理解されなかった人」たちの問題は非常に深刻です。

例えば国の指定する難病を患っていない、なんらかの障害を持っているわけではないなど、多くの人が共通して有する「弱者の指標」に当てはまらない成人であれば、無条件に「当然一人で生きていけるだけの力を持っている」と判断されます。自力で生きていくべきな

のだから躓《つまず》いてしまったとしてもすべては自己責任であり、「公的な支援をすべきではない」と考えられているわけです。

生活保護など、どうしてもやむを得ない場合に支援を受けられる社会保障は形としては存在しているけれど、実際には申請を窓口で阻止する「水際作戦」が横行し、福祉事務所での審査すら受けさせてもらえないケースは後をたちません。保護の申請は国民の権利として当然保障されるものですが、生活保護受給者の増加による財政負担を軽減するために、違法行為であることを知ってか知らずか現場ではこうした方策がとられることがあるのです。

生活に困窮した人々が「最後の砦だ」と思って相談に訪れた先では、まるで重箱の隅をつつくように「扶助をしなくてもよい」理由を探されます。

何らかの事情でセーフティネットの網目をすり抜けてしまった人々は、自力でどうすることもできないほど困窮していても支援を受けられず、奈落の底へと落ちていくしかありません。

ひきこもりの中高年たち

2019年、内閣府が発表したある調査結果が世間を大きくにぎわせました。[*1] 40歳から64歳までの中高年のひきこもりが、前回調査での15歳から39歳までの推計54万人を超えて、なんと推計61万人にのぼるというのです。内閣府はこれまで40歳から64歳までのひきこもりの数を調査しておらず、この世代のひきこもり人口の推計が出たのはこのときが初めてでした。

ここで定義されている「ひきこもり」とは、①趣味の用事のときだけ外出する、②近所のコンビニなどには出かける、③自室からは出るが家からは出ない、④自室からほとんど出ない、のいずれかに該当し、かつその期間が6ヵ月以上つづいていて、妊娠していたり統合失調症または身体的な病気ではなく、自宅で仕事や家事育児をしているわけでもない人、のことをいいます。

*1 令和元年版・子供若者白書「特集2 長期化するひきこもりの実態」
https://www8.cao.go.jp/youth/whitepaper/r01gaiyou/s0_2.html

ひきこもりになったきっかけは「退職した」が最も多く36・2％、続いて「人間関係がうまくいかなかった」が21・3％、「病気」が同じく21・3％、「職場になじめなかった」が19・1％、「就職活動がうまくいかなかった」が6・4％（複数回答可）。

ひきこもりの状態になってからの期間は「3年から5年」が約21％と最も多かった一方で、「5年以上」と答えた人が半数を超えたほか「30年以上」も6％いる結果となりました。

これまで日本ではとりわけ「若者のひきこもり」ばかりが取り沙汰されてきましたが、若者だけでなく中高年のひきこもりの問題も深刻であり、なんらかの対策や支援が必要であることがこの調査で初めて明らかになったのです。[*2]

51歳のひきこもり男性による凶行

昨今、中高年のひきこもりが大きく注目されはじめたきっかけのひとつは、2019年に発生した「川崎市登戸通り魔事件」の容疑者が、当時51歳のひきこもり男性だったことでした。

スクールバスを待っている小学生の待機列が襲撃され、小学6年の女児と保護者男性の

2人が死亡、18人が負傷した無差別殺人事件は世間を震撼させ、現場で自殺した容疑者男性の生い立ちや生活の様子などが連日のようにメディアで報じられました。

同居していた伯父夫婦によると男性は長期にわたり就労しておらず、長らくひきこもり生活を続けていて、家庭内ではトイレや食事のルールを決めて誰にも顔を合わせないように生活をしていました。親族に小遣いをもらうことはあったものの中学卒業以降は定職に就かず、定期収入もなし。高齢により今後の生活を案じていた伯父夫婦は、相談に訪れた川崎市の提案で、2019年1月に男性の部屋の前に手紙を置く形でやりとりを試みていたこともわかっています。

動機不明のまま容疑者が死亡したためか、ニュースや新聞などで容疑者男性の「ひきこもり」といった属性ばかりがクローズアップされるなど、ひきこもりがさも「犯罪者予備軍」であるかのような偏見を助長しかねない報道が次々になされ、インターネットやSNSではそれに対して規制を呼びかける動きも活発化しました。

こうした「行き過ぎ」とも言える報道は、新たな悲劇を生みました。事件から3日後、

＊2　その後内閣府が2023年3月31日に公表した、2022年度「こども・若者の意識と生活に関する調査」では、引きこもり状態にある人は、15歳から64歳までの年齢層の2％余りおり、全国の数字であてはめると146万人と推計される。

元農林水産省事務次官の76歳の父親が、ひきこもりであった44歳の長男を刺殺したのです。

父親は「川崎の事件を見ていて自分の息子も周りに危害を加えるかもしれないと不安に思った」と供述していて、事件直前には長男が近隣の小学校で行われていた運動会の騒音に対して「うるさい、子どもをぶっ殺すぞ」と怒ったことで父親と口論になっていたとわかりました。

父親は長らく長男の家庭内暴力に悩まされており、自らも年老いていくなか「このままではいつか暴力が家庭の外へ向かうのではないか」と思い詰めた末の犯行だったのです。

川崎市登戸通り魔事件の発生からたった3日でこうした動機による殺人事件が起きたことで、根本匠厚生労働大臣（当時）は事態を重く受け止め「安易にひきこもりなどと結びつけるのは慎むべき」と発言し、短絡的な報道姿勢に警鐘を鳴らしました。

就職氷河期世代と自己責任論

このような二つの事件とそれにまつわる報道を受けて以降、中高年のひきこもりに対しての世間の関心はだんだん高くなりつつあります。

内閣府が初めてひきこもりの調査をした40歳から64歳までの世代には、バブル崩壊後に訪れたいわゆる「就職氷河期」の影響を大きく受けた世代が含まれています。企業側が新卒採用を大幅に削減し、さらに就職が決まってからも、即戦力にならないと判断された新卒が解雇されるトライアル雇用などの「新卒切り」が増加したことで雇用状況が不安定になったほか、フリーターや派遣労働者などの非正規雇用で働かざるを得ない人々が増加した時代です。

しかしながら、この就職氷河期が終わったあとも「就職氷河期世代」への救済措置が取られることはありませんでした。10年以上も採用規模を縮小していたことで多くの企業は人手不足に陥り、2013年ごろから一転して「大量採用」に舵を切り始めましたが、採用されるのは新卒や賃金の安い外国人労働者、そして定年退職者の再雇用ばかりであり、既卒者、特に正規雇用として働いたことがない者の就職は依然として厳しいままだったのです。[*3]

このような時流のなか、2000年代からテレビや雑誌などでは過剰に「勝ち組」「負

＊3　https://www.jstage.jst.go.jp/article/uhs/2017/99/2017_17/_pdf/-char/ja

け組」の対立を煽りはじめ、成功者による自己啓発本がベストセラーになるなど、社会には「勝ち抜くための戦略」に強く惹きつけられる人々が目立つようになりました。「自己責任論」が目立ちはじめたのもちょうど同じ頃で、非正規雇用や低賃金で働く人、なんらかの事情で働けなくなってしまった人たちは、自力で這い上がろうともしなかった「努力不足」の「負け組」で、生活に困窮していようともすべて「自己責任」だといった風潮がどんどん広がっていったのです。

助けたい人、助けたくない人

社会の中で「支援を受けられる人」を決めるにあたって、要支援者が感情で選別されるべきでないのは当然のことですが、実際のところは無意識のうちに「助けたい人」か「助けたくない人」かを判断され、それが多少なりとも結果に影響するケースもゼロとは言い切れません。

日本が民主主義国家である以上、国のあり方や制度を決める権利は国民が有しており、通常は、国民の反対意見が優勢であるにもかかわらず、それを無視して重要な決定がなされることは当然ありません。

例えば中高年のひきこもり、生活困窮者への支援が長らく後手にまわっていたひとつの要因として考えられるのは、彼ら彼女らへの支援の「必要性」が世間一般に理解されづらかったことです。

先述した通りこの国では、正規雇用にありつけずに劣悪な労働条件を強いられている人や、家から出られず社会との交流を断たれてしまった人に対しては「負け組」といったレッテルが貼られており、「努力さえしていればそんな事態にはならなかった。自分が悪いのだから責任は自分で取るべきであり、国民の血税を使って支援をするべきではない」と考える人々が多くいたのです。

こうした状況では仮に「中高年のひきこもりや生活困窮者への支援策」を実現しようとしても、国民の賛成を得られない以上は具体的な対策や支援の方法を議論するフェーズへと移行することすらできません。

そう考えれば、抱えている苦しみが「理解されやすい人」ほど支援を受けやすくなり、抱えている苦しみが「理解されにくい人」ほど支援を受けにくくなるのは必然であるように思えます。

判断能力が低下するほど追いつめられる人たち

大衆から「助けたくない」と思われるのは、どのような人たちでしょうか。

一言で表すことは難しいですが、強いて言うならばおおよそ「常識の範囲では理解できない行動パターン」を取っている人々を「助けたくない、支援したくない」と思う人がもっとも多いように思います。

以前、ＳＮＳ上でこんな話がありました。生活に困っているシングルマザーが、収入アップのためにプログラミングスクールに通うことにしました。しかし入学費や受講料にかかる２００万円を用意することができず、少しでも早くお金を貯めるために仮想通貨に投資をはじめたという話を投稿したのです。

投稿を目にした人たちは、その女性に対して次々と「情弱」「常識がない」「馬鹿だ」などと批判的な言葉を書き込みました。コメント欄はほぼすべてが女性を嘲笑するような内容で埋め尽くされ、彼女の立場からこの問題を考えたり事情を慮ろうとする人は、一人もいませんでした。

とはいえ、こうしたケースに対して「どうしてもっと着実なお金の増やし方ができないのか」と考えるのは正直なところ、ごく一般的な感覚であるように思います。必要なお金を貯めるために安易に仮想通貨に投資をすることは「安全な方法」ではありませんし、むしろ損失となってしまうリスクもあります。

ほとんどの人はお金を用意するとき、収入を増やすか支出を減らすかして、より安全に、確実性の高い方法で計画的にコツコツと貯める道を選ぶでしょう。それがどうしても必要なお金であれば、尚更です。だからこそ、仮想通貨に投資をして「早くお金を貯めようとした」シングルマザーの突飛な行動が理解できない人たちからの批判が、寄せられたコメントの大半を占めたのでしょう。

しかしながら、この問題の背景にあるのは「情報弱者の貧乏人がうまい儲け話に飛びついた」とか「楽をして稼ごうとしたから失敗した」というような単純な話ではなく、大変根深いものです。

「貧困から脱出する」ということは、決して容易なことではありません。きっと多くの人が想像するよりも複雑で、解決が非常に困難な問題です。金銭的な困窮は、人の心を簡単に破壊する要因になります。ローンや家賃が支払えない。来月以降、家族を養っていけるほどの収入の目処が立たない。税金の支払いが滞っていて、銀行口座も差し押さえられる寸前まできている。

経済的な窮地に立たされている人たちは、常に「とにかく現状から脱却せねばならない」といった焦燥感に駆られています。いくら節約して家計を切り詰めていても生きるためにはどうしても食費や生活を維持する費用がかかり、通帳の残高はどんどんゼロに近づいていき、家賃が支払えなければ住処すら失って、路上生活を強いられることにもなります。

生活保護の申請をしても、当然ながら全員が給付を受けられるわけではありません。厚生労働省の公式ホームページに記載があるとおり、生活保護を受給できるのは、国の定めた基準によって「資産や能力等すべてを活用してもなお生活に困窮する」と判断された世帯のみです。

何らかの要因で文言内の「資産や能力」が著しく低下、もしくは失われてしまっている場合でも、その状態が「誰からも分かりやすく」「目に見える」ものでなければ、この条件からは外れてしまう可能性もあるわけです。ひきこもりで家庭内で暴力を振るう息子がいる家族も、はたから見れば両親が揃っているし、成人していれば息子も働くことが可能な世帯として扱われます。暴力の被害に遭っている人が身の安全を確保するために別居していたとしても、世間一般には「金銭的に厳しいなら実家に戻ればいいだけ」と判断され、生活保護を申し出ても「ご家族に援助してもらってください」と追い返されてしまうのです。

身内も社会保障制度も頼ることができないとなると、「あとはもう自力でどうにかしてお金を増やさなくては」と考えるしかなくなるでしょう。くだんのシングルマザーも例外ではありません。自分一人だけではなく子どもを養っているとなれば、責任感から来る重圧や、心理的な負担も非常に大きいはずです。医療費がかからず母子手当が給付されるとはいえその額は十分なものとは言えず、幼い子どもを一人きりで育てながら働くことは困難であり、大変厳しいのが現実です。

「労働政策研究・研修機構」が2018年に調査したデータによれば[*4]、厚生労働省が公表する「貧困線」（所得中央値の50％）を下回っている世帯の割合は、母子世帯で51・4％と過半数を超えています。父子世帯の22・9％、ふたり親世帯の5・9％と比べても、母子世帯の貧困率が圧倒的に高いことは明らかです。

さらに、可処分所得が貧困線の50％に満たない「ディープ・プア」世帯の割合は、母子

＊4　子どものいる世帯の生活状況および保護者の就業に関する調査2018（第5回子育て世帯全国調査）
https://www.jil.go.jp/institute/research/2019/192.html

世帯が13・3%、父子世帯が8・6%、ふたり親世帯が0・5%となっています。

このようなデータから考えても現在の日本ではまだ、子育てをしている女性の収入や就労機会が、そうでない人たち（既婚男性、独身者など）と同等であるとは言えません。

日本社会ではこれまで、長く家父長制的な価値観が一般的でした。そのような環境で生まれ育ち、「社会における男女の役割分担」について固定観念を築き上げてしまった大人たちが、突然「男女の就労機会を均等に。そして女性が働く以上、男性も積極的に育児や家事に参加を」という時代にすみやかに適応できるかというと、簡単なことではないでしょう。もちろんこの流れに賛同して、子育て中の女性を積極的に採用しようと努力する企業もありますし、国民ひとりひとりの意識もこの十数年で大きく変わったように思います。

しかしそれでも、日本にはいまだに育児や家事の負荷が女性に大きくかかっている家庭が多く、「子どもが熱を出すたび休まれるのではないか」と懸念する会社側が、出産後の女性の採用に消極的になってしまう傾向が強いのが現状です。確かに出産は女性にしかできないものであり、前後に長期休暇を取らざるを得ない事情を鑑みると企業側が「できるだけ男性を多く採用したい」と考えるのは自然なことかもしれません。ですが、日本が「女性が働き続けられる社会」を掲げている以上は「女性が働き続けられる社会」の実現がまだまだ過渡期であることを認めたうえで、こうした不均衡をどう解消していくのか、子育てをする女性の就労機会をいかに増やすか考えていくことが直近の課題でしょう。

就労機会も乏しく、貯金もできない

毎月ギリギリの生活を送っているが、転職しようにも採用してくれる会社が見つからず、貯金もできない。そんな生活を長年続けていると次第に生きる気力が失われていき、とても「丁寧で豊かなくらし」を目指せるような精神状態ではなくなります。

毎日働いて贅沢せず細々と暮らしていたとしても、もし体を壊してしまえばほんの一瞬で生活が立ち行かなくなることは明らかです。向こう数十年のあいだ少しも病気をせず、仕事を休まねばならない止むを得ない事情が「絶対に起こらない」とも言い切れません。

そうした境遇にあればたとえ現状に危機感を覚えても、貧困から抜け出すにはもはや「一発逆転」を狙うしか道は残されておらず、巷で「稼げる」と喧伝されていれば、知識に長けているわけでもない仮想通貨や投資に希望を見出してしまうことすらあるのです。

司法書士事務所に勤めていた頃、借金苦に陥った人たちの相談に乗ることが多くありました。

債務者から話を聞いているとあるとき、多重債務者ほど株式投資やＦＸなどに手を出し、結果的に大きな損失を抱える傾向があることに気がつきました。彼ら彼女らのほとんどは家庭を持っていて、もともとの借り入れ理由は「生活苦」によるものでした。

要介護の重い障害を持った子どもがいるため思うように仕事ができず、収入が途絶えて借金をした人。精神を病んで働けなくなり、親族からの金銭的援助も得られなくて借金をした人。さまざまな事情を持つ人たちが生活に困窮し、膨らんで行く借金の返済に追われ精神的にも消耗しきって、すがるような気持ちで行き着いたのが「投資」だったのです。

たくさんの人の相談に乗った中でも特に印象に残っているのは、８００万円超の債務を抱えていた自営業の男性。一時的に収入が激減したのをきっかけに、生活費補填のために妻と子に隠れて１社から借り入れをしたのがはじまりだったと言います。「しばらくすれば売り上げが元通りになる」と考えていたため、たとえ借金をしてもすぐに返済してしまえば問題ないと考えていたのです。

ところが予想とは裏腹に、数ヵ月経っても収入が回復することはありませんでした。借り入れが多額のため、ただでさえ負担になっている月々の元金返済に高額の利息が上乗せされ、いつしか借金を別の会社からの借金で返す「自転車操業」に陥るようになりました。気が付けば債務総額は雪だるま式に膨らんでいき、男性は日に日に「このままではまずい」と思い詰めるようになります。

そんなとき、彼が極限の状態にあるのを知ってか知らずか、知人が「絶対に儲かる方法がある」と投資を勧めてきたのだと言います。羽振りも良く、何より気を許していた相手だったこともあり、男性は「もうこれしかない」と思い立って投資やＦＸに手を出すようになったのでした。

「一発逆転」しか残されていない

今月家族を養うためのお金すらない。収入を増やしたくても、事情があって思うようにいかない。こうした焦りは、長期間にわたって人間の精神をじわじわと蝕んでゆくものです。追い詰められた人たちの中には精神を病み、判断能力が低下したり正確な情報を得ることが困難な状態に陥ってしまう人も決して少なくありません。

転職活動をするだけの時間的・経済的余裕もなく、堅実なお金の稼ぎ方を教えてくれる人も、頼れる人も周りにはいない。そんな彼ら彼女らはたびたび「情報弱者」と呼ばれ、闇金業者のほかにもマルチ勧誘、詐欺などの悪徳ビジネスの格好のターゲットになりやすい側面があります。

前述したシングルマザーのように、あるいは投資で多重債務に陥った男性のように、人々は生活を維持するために闇雲に周りを見渡し、天から垂れ下がった「蜘蛛の糸」を見つけるやいなや、藁にもすがる思いで手を伸ばしてしまうのです。

金銭的に困窮している人ほどギャンブル、投資などの「一発逆転」に望みをかけてしまうのにも理由があります。もはや「人並みに働けば貧困状態から脱出できるレベル」のフェーズを通り越しており、短期間で大きなお金が生み出せる仕組みなくしては現状から逃れられないところまできてしまっているためです。

毎日あくせく働いても給料のほとんどが生活費や返済、月々の支払いに消えていき、いくら倹約しながら生活をしても手元にはお金が残りません。収入を増やすために何か新しいスキルを身に付けようにも、そこにかける時間も費用も捻出が厳しくいつまでも貧困から抜け出せない、まさに「負のループ」に陥ってしまうわけです。

助けたくない人たちへの強者の論理

金銭的に困窮している人たちに対しては、たびたび心無い批判の言葉が投げかけられます。「いい歳した大人なのに非正規だから貧乏なんだろう」「収入が低いなら転職でもして稼げばいいだけだ」「みんな努力してるのに甘えたことを言うな」

このような「強者の論理」が、これまでも多くの人の自由を奪ってきました。

言うまでもないことですが、彼らのほとんどは好き好んで非正規雇用、低賃金で働いているわけではありません。好きでコンビニ弁当だけを食べているわけでも、身だしなみに気を遣わないわけでもないことを知っておいてほしいのです。毎月生きていくだけでいっぱいいっぱいの状態で、健康で文化的な最低限度の生活を送ることもできない日々が続き、次第に精神はすり減っていく。

そんな状況では「健康的な生活を送る」という「未来の自分への投資」ができるはずもなく、ただただ仕事をして、帰って何でもいいから空腹を満たして、次の日また仕事に行くという、彼らにとっての日常を維持することしかできません。

そして何より厄介なのは、彼らが「正常な状態」ではないことを、周りも、本人でさえも気が付いていないことです。

「金がないなら働けばいいだけのこと、貧乏なのは怠慢だろう」と社会から見放されてしまった人たちは、何の支援も受けられず、次第に孤立してしまいます。彼らに精神疾患があったとしても、たとえ明日にでも自殺をしてしまうほど追い詰められているとしても、世間から理解や共感が得られにくい「見えざる弱者」である以上は、彼らは救われないわけです。

私が「見えざる弱者」の存在を強く意識するようになったきっかけは、Twitter上でとある投稿を見たことでした。「難病の3歳の少年を救いたいので、個人的な寄付に加えて、リツイート1件につき10円を寄付します」。

こうツイートをしたのは、株式会社ZOZOの前社長である前澤友作さんです。前澤さんがこのような行動を取ったのは、くだんの3歳の男の子がテレビ番組で取り上げられたのを見た視聴者から「彼に寄付をしてあげてくれないか」という依頼が殺到したためでした。彼のツイートのおかげで前澤さん以外にもたくさんの人から寄付が集まり、男の子の手術費にかかる3億5000万円は無事に集まったのです。

この件に関してはさまざまな反響がありましたが、私は前澤さんの行動自体は素晴らしいものだったと思います。彼が個人的に寄付をしていて、なおかつ多くの人に知ってもらうよう動いたことで難病の男の子の手術にかかる莫大な費用が集まったのですから、そこに彼を批判する理由は一切ないと思うのです。しかし、私はこの一連の流れを見ていて「無事に費用が集まってよかった」と安堵したと同時に、ある疑問を抱きました。

「誰からも見つけてもらえなかった人はどうなるのだろう」

すぐに答えが出なかった自分自身に、そして世界の残酷な仕組みに気が付いて、何とも言えない嫌な感覚に襲われたのを覚えています。次に脳裏をよぎったのは、酷い虐待を受けて命を落としてしまった子どもたち、必要な医療処置を受けられず亡くなった病人たち、精神的に追い詰められて助けを求めることもできず自死を選んだ人たちの存在。少なくとも日本には、毎年おそらく数万人以上の「見つけてもらえなかった人」たちがいるのです。そして私がこの本を執筆している今現在も、誰からも見つけられず、セーフティネットに引っかかることもなく、自分でもどうしていいかわからずにもがき苦しんでいる人たちは想像するよりもずっと多くいると考えられます。

「見つけてもらえなかった人」たちの死は、仕方がなかったことなのでしょうか。これから1年ごとに数万人規模で亡くなるかもしれない人たちは、「きりがないから」と見て見ぬふりをされ続けてもいい存在なのでしょうか。私には、そうは思えませんでした。「見つけてもらえた人」と「見つけてもらえなかった人」は同じ延長線上にいるのであって、その中で彼らを「助けたい人」と「そうではない人」に分断したり「生きてほしい人」と「死んでも仕方がない人」のように、命に優劣をつけることはできないはずです。

しかしながら現実においてはまだ、私を含めて誰もが人々をフラットな目で捉えることは難しいようです。私たち人間が感情を持っている以上、相手を理解できるかどうか、共感できるかどうかが「助けたい人」を選別する指標に大きく影響してしまうためです。

数年前にインターネット上で「キモくて金のないおっさん」（社会的支援を必要としているのに誰からも「救いたい」と思われないような、清潔さもなければ好感も持ちえない中高年男性たちを意味するスラング）というキーワードが大きく話題になったのは、『社会的弱者』とみなされるには多くの人にとって『助けたい』と思える存在でなければならない」といった「大衆による弱者選別」を皮肉的に表した出来事だったように思えます。

では、既存のセーフティネットに引っかからない「見えざる弱者」たちが救われるための現実的な仕組みを作るには、どうすればいいのでしょうか。ここまで読んでいただいた人にはもうお分かりかと思いますが、まずは何よりも、より多くの人に彼ら彼女らの存在や苦しみを「理解」してもらう必要があります。

そのためには「共感できない人」へのあらゆる偏見やそれに起因する分断を取り除き、見えない弱者たちがどうして困窮状態に陥ってしまうのかを丁寧に、根気強く伝えつづけなければなりません。

そうしなければ、民主主義国家である日本においては支援の拡充がおこなわれたり、具体的な救済措置が検討されることはないのですから。

コロナ禍で揺らぎはじめた「自己責任論」

新型コロナウイルス感染症による経済的打撃を受け、収入が下がったり職を失ったりした人が激増した2021年には、主に若者の間で「親ガチャ」という言葉が使われるようになり、ユーキャン新語・流行語大賞のトップ10に選出されるなど、大きく注目を集めました。

人生の難易度が、生まれた瞬間にすでに決められている。生まれた家庭の経済力や環境が良ければ良いほど人生はイージーモードに、悪ければ悪いほどハードモードになり、自分の努力のみでは覆せない。

生育環境を選べなかった結果、自分は「親ガチャ」の外れを引き、劣悪な環境下で十分な文化的素養や社会的、教育的資本を得られなかった事でいわゆる「格差社会」に適応できず、そもそも自分は生まれて来るべきではなかったと考える「反出生主義」を掲げる人々の存在も浮き彫りになり、格差社会の象徴とも言うべき事象が、コロナ禍において次々と表出しはじめたのです。

貧困問題や家族の問題についてさまざまな場所で論じることの多い私にとって、この事象は非常に興味深いものでした。ネオリベラリズムが台頭しはじめた2000年代以降、日本では長く「自己責任論」が跋扈《ばっこ》し、前述の通り、貧困や劣悪な環境で生活している人々は「単純に努力が足りない」のだとされてきました。しかし新型コロナウイルス感染症の拡大により、努力ではどうにも変えることのできない大きな障壁に多くの人が打ち当たった結果、自己責任論に対して疑問を抱き、固定化された格差や、生育環境の違いに目を向けることになったのです。

短期的に見ればこの状況は悲惨にも思えますが、長期的目線で見れば、これは社会を変革していくのに必要な大きな第一歩ではないでしょうか。少なくとも今まで、社会構造上の歪みや問題を個人の責任に矮小化する風潮（＝自己責任論）を否定し続けてきた私には、どこまで続くかわからない真っ暗なトンネルの先に、わずかながら、小さな光が見えたように思えました。

貧困問題を語る上で、そして現代人が抱える生きづらさについて考えるにあたっては欠かせないはずの「固定化された格差」「生育環境」の問題がさんざん透明化され、無視され続けている状況では、根本的な解決に必要な課題を洗い出す議論も進まず、状況が好転することもありません。弱者は弱者のまま、強者は強者のまま、生まれてから死ぬまで、そして死んだ後も何世代にもわたり、格差は遺伝されてゆくのです。社会的に大きな権力を持つ「強者」ほど、「弱者」がどんな環境で、どんな生活をしているのか興味を持つこともないでしょうし、所詮は他人事と、こうした問題を解決するために何か自発的にアクションを起こすこともありません。

なぜなら、弱者の立場に立って社会構造を変えようとすれば、もともと強者である彼ら彼女らの経済的利益は低下していき、これまで恩恵を受けていた既得権益も失われかねません。しかし、多くの国民が窮状について声を上げるようになれば、少しずつ社会を変えることは不可能ではないと私は考えています。国民が共通して有している問題意識を、政治は完全に無視することはできません。

だからこそ私は、この本を通してみなさんと「生きづらさ」の正体について考え、いったいいま、この国で生きている人たちに何が起きているのか、そしてその生きづらさを軽減することができるのかどうかを、自らの体験だけでなく、精神医療やカウンセリングなどを用いて検証していきたいと思っています。

第2章

機能不全家庭で育つということ

アルコール依存の父、泣く母、暴力的な兄

「貧困や虐待が連鎖する」は本当だろうか

ここからは、「見えざる弱者」の中でも特に深刻な問題を抱える人々について考えてみます。その典型例として、家庭環境、機能不全家族の問題があります。機能不全家族とは、家庭内で心理的・身体的虐待、性的虐待、ネグレクトなどの不法行為、あるいは対立が恒常的にあり、ストレスが常に存在している家族状態のことです。

貧困や虐待などとつながる機能不全家族の問題については、当事者に対して「なぜ抜け出そうとしないのか?」といった疑問が投げかけられることがよくあります。

確かに、「ストレスフルな環境下にいる彼ら彼女らが家庭から逃げ出しさえすれば苦しみから解放されるのではないか」と考えるのは自然なことであり、それ自体は責められるべきではないものです。しかし、一見すれば単純なようでも問題を丁寧に紐解いていけば、さまざまな要素が入り組んでいて、まさに「あちらを立てればこちらが立たぬ」であることがうかがえます。

渦中にいる人たちは、逃げないのではなく「逃げられない」と言った方が正しいでしょう。貧困や家庭の問題は一過性のものではなく、さらに本人の努力や判断次第でどうにかなる性質のものでもありません。生まれたときから、あるいは子どもの頃から苦境にいる人々が「苦難」を脱するには、想像を絶するほどの厳しい道のりが待っています。

「環境を変えればいいだけ」とはいうけれど、そもそもその環境は一体どうやって構築されたもので、何をもって制することができるのでしょうか。

こうした問題を考えるとき、必ずと言っていいほど議題に上がるのが「貧困や虐待の連鎖」についてです。

親世代が家庭に抱えている問題を子ども世代へと連鎖させてしまうケースは、確かに存在しています。もちろん「すべての家庭において必ず連鎖する」とは間違っても言えませんが、問題が連鎖する可能性があることを知り、その仕組みについて多くの人が考えておくのは重要なことでしょう。

連鎖する貧困世帯

貧困や機能不全家族と一言にいっても、解像度を上げていけば、実は家庭内で起こっているさまざまな問題が複雑に作用しあっているのがわかります。

たとえば貧困問題を語るのであれば、避けては通れない考え方に「貧困の悪循環」というものがあります。

一度でも陥ってしまうと外部からの介入がない限り継続する貧困の要因・事象を表す経済学の用語であり、「貧しい家族は少なくとも、貧困状態が三世代以上にわたって続く」と定義付けがされています。

こうした家庭には、貧困から脱出するのに必要となる①教育などの「知的資本」、②学歴や文化的素養である「文化資本」、③社会的交流やコネクションなどの「社会的資本」を持つ親族がいなくなっており、貧困から脱出することが実質不可能であると指摘されているのです。

社会福祉士で大学教授の道中隆氏は、著書『生活保護と日本型ワーキングプア――貧困の固定化と世代間継承』の中で、生活保護受給家庭で育った子どもが成人して再び生活保護を受給する「貧困の連鎖」について言及しています。

大阪府内にある自治体の保護受給層（3924世帯）のうち、ランダム抽出した世帯（390世帯）について調査を進めたところ、生活保護が世代間で継承されている家庭は全体の約25％、母子世帯にかぎって見れば世代間連鎖は約40％にものぼることがわかりました（平成18年のデータ）。

また、世代間で生活保護が継承されている家庭（43世帯）のうち、世帯主の最終学歴が中卒または高校中退である家庭は約72％、高卒以上が約28％と、「貧困」と「教育水準」との間には深い関係があることがわかります。

教育格差の問題

貧困家庭のなかでも特に親世代の最終学歴が中卒か高卒である場合、子どもが大学へ進学することは非常にハードルが高く、困難だと言わざるを得ません。大学などの高水準の教育を受けるには最低でも数百万円の学費がかかり、ただでさえ生活が逼迫している家庭においては、塾代や受験料、高額の入学金がかかる大学進学は「高望み」で「不要」なものだと考えられがちです。

親世代が「中卒か高卒でも問題なくここまでやってこられた」と考えている以上、大学進学について親の理解を得ることは難しく、子どもは「中学や高校を卒業したあとは働いて自立してほしい（もしくは家計を助けてほしい）」と求められてしまうのです。

仮に本人に大学進学の意思があっても、生まれ育った家庭の経済的状況によって教育機会が奪われることは決して少なくありません。採用基準が「大卒以上」など学歴重視である日本において、こうした教育格差が解消されないままであることは非常に深刻な問題です。

貧困と機能不全家族の関連性

また、貧困家庭と機能不全家族には密接なかかわりがあります。

たとえ貧困状態にあっても家族関係が非常に良好で、家庭としての機能を十分に果たしている場合もあると思いますが、おそらくそういった家庭は少数で、実際には経済的負担、社会的なプレッシャーでストレス過多な環境が形成されやすい傾向にあると考えられます。

厚生労働省が各都道府県への調査により把握した「児童虐待による死亡事例」について「児童虐待等要保護事例の検証に関する専門委員会」が分析・報告した結果（平成20年）では、家族の経済状況について「生活保護世帯」、「市町村民税非課税世帯」、「市町村民税非課税世帯（所得割）」の合計の割合が平成17年で66・7％、平成18年で84・2％でした。

この調査結果から低所得の家庭ほど深刻な虐待が発生しやすく、「貧困」と「家庭の機能性」の関係性が非常に深いことが推測できます。

「貧乏な方が家族の絆が強い」とか「仲が良い」というイメージを持つ人もいるようですが、むしろ生活に余裕のない家庭ほど逃げ場が少なく、ストレスが内に溜まりやすいため問題が深刻化するリスクが高い傾向にあるのです。

そして貧困家庭や機能不全家族が抱えている問題は、ほとんど家庭の外に出ることがありません。家庭の事情を他所で話すことは少なくとも日本においては「恥」だとされていて、特に金銭的に困窮していることやＤＶ、家庭内暴力などは話題にすることも禁忌であり、当事者たちが外部に漏れないようひた隠しにするためです。

また、家庭内暴力や児童虐待がある場合は特に、外部へ助けを求めることは子どもにとって非常にリスクが高く、現実的な方法ではありません。親が子に対して「誰にも言ってはいけない」ときつく口止めをしているケースが多いのはもちろんですが、仮に口止めをされていないとしても、子どもは報復を恐れて家庭の秘密を守ろうとするのです。

逃げたくても、失敗すればさらに過酷な仕打ちを受けることを子どもは知っています。

実際に、学校や児童相談所など周りの大人に助けを求めたにもかかわらず、親元へ帰されたのちに虐待が激化し、子どもが死亡するケースも後を絶ちません。

経済力を持たず何事も親の承認が必要な子どもは、多くの場合、逃げ場もなく暴力にただじっと耐えることしかできないというわけです。

「親」というロールモデル

貧困や暴力が世代間で連鎖するとすれば、親から子の世代へ「生活様式」がそのまま受け継がれることも要因の一つであると考えられるでしょう。

子ども世代にとって生活や仕事、家族関係などのロールモデルが「自分の親」になることはごく自然な流れです。お金の稼ぎ方も遣い方も、勉強の仕方も、子育てやしつけの仕方も、生きるうえで必要な意思決定はほとんど無意識に、生育環境の影響を受けながら行われていると考えられます。例えば「生活保護を受給して生活する」といった生活様式を、子ども世代が親世代からそのまま受け継いでいるように。

さらに言えば、意思決定のより原始的な部分、例えば歯の磨き方や掃除の頻度、スーパーでの食材の選び方などの「生活習慣」は、何かのきっかけがない限り、親がしていたやり方が自然と身についてしまうものです。ここから分かるように、私たちは自分で「考える」ことをしない限りは、自分が育った家庭のあり方をそっくりそのままコピーしてしまいかねないのです。

家族関係が子どもに与える影響

ほとんどの子にとって、親は「最も身近で安心できる存在」です。そして家庭は子にとっての「安全な場所」であるため、通常はここが彼らの足場となり、成長段階においての活動拠点となります。

しかし、何らかの事情で家庭がうまく機能していない環境では、子は安全な場所に身を置くことができず、足場が不安定なまま生活しなくてはなりません。両親の不和、虐待、家庭内暴力など、日常において強いストレスを感じながら生きる子どもたちは、精神的な安定を手に入れられないまま人格が形成され、大人になります。

幼少期の経験が人格形成にどのように影響するかは後述しますが、機能不全家庭で育った人は、精神疾患を発症する率が高いという報告もあります。[*4]

このことを親世代が理解しているかどうかは子どもの人生を大きく左右する重要な問題であるはずなのに、日本ではいまだにこうした話題に触れることを忌避していて、特に学校教育の場ではほとんど「タブー」のように扱われているのが現状です。

これまでに、中学校や高校の教師に何度か「親子関係が子どもの成長や発達に及ぼす影響や、家庭で何かトラブルがあるときの相談先について、学校で等しく教えることは難しいだろうか」と尋ねてみたことがありました。しかし、聞く人聞く人みな口を揃えて「必要なことだと理解しているが、今の教育のあり方ではほとんど不可能だ」と言うのです。

理由を聞くと、教育の場でＤＶや家庭内暴力、虐待などの家庭の問題について言及すると「子どもにそういった話を聞かせてほしくない」「学校教育にふさわしくない話題である」と、保護者から苦情が寄せられるのだといいます。

家庭に居場所がない子どもたちは助けを求められないばかりでなく、大人たちから逃げ方や逃げ道の存在すら教えてもらえずに地獄に押しとどめられ、苦しむしかないのでしょうか。

そんな子どもたちが親世代となり、また新たな地獄を生ませない仕組みを作らなければ、いつまでも負の連鎖を断つことはできないはずです。

生まれた地域の呪縛

貧困家庭や機能不全家庭で育った人は、自分の生活習慣や心身の状況が「悪くない」かそうでないかについて、無自覚であることがほとんどです。そもそも彼ら彼女らにとっては自分が生まれ育った家庭こそが「普通」であり、特に疑問を持つこともないため「今の状況を変えなければ」と思うことですら、何かのきっかけがなければできないのです。

どこかままならなさを感じていて苦痛を抱えていたとしても、その苦痛の正体がなんなのか、どこから来たものなのかがわからなければ、今の状況に対処する合理的判断を下すことや、将来を見据えた心身のケアに取り組むこともできません。

生まれ育った環境を疑うことは、簡単なようで本当に難しいことだと思います。たとえを出すとすれば、誰もがイメージしやすいのは「地元のつながり」ではないでしょうか。

＊4　https://www.jstage.jst.go.jp/article/jjpm/44/5/44_KJ00000835315/_article/-char/ja/

まわりに「文化資本」（学歴や文化的素養）を持つ家族や知人がいない環境で生まれ育った人たちの間では、閉ざされた狭いコミュニティの中で、年長者から年少者へと生活スタイルが受け継がれることが多くあります。

不良の先輩の姿を見て育った中学生が同じように煙草を吸い始めたり、犯罪に手を染めたり、卒業して仕事を紹介してもらったり、似たようなバイクや車に乗るようになったりすることは、まさに地元の交友関係における「世代間連鎖」の典型だと言えます。

地元で一緒に育ってきた仲間たちがみんなそうであれば、それ以外の世界を知らないためにそれが当たり前のことに思え、置かれている状況に不安を抱くこともありません。たとえ犯罪行為であっても、「みんなやっていること」と次第にハードルが下がっていくのです。

「水は低きに流れ、人は易きに流れる」という言葉があるように、人間とは本来、手っ取り早く楽な道を選んでしまうものです。失敗するかもしれない「新しい挑戦」よりも、周りの人の生き方を真似るほうがリスクも低く、安全だと考えるためです。

厄介なのは、こうした繫がりから生まれる強い「地元意識」です。家族や地元の人たちの中には、仲間が外の世界へ行くことが「裏切り行為」であり、道理に反することだと考える人も少なくありません。

生まれ育った地域のコミュニティにどっぷり浸かっていた人が、新しい人生を歩もうとするときに「せっかく面倒を見てやったのに」とか「抜け駆けしようとしている」というようなやっかみを言われる場面をいくつか見たことがあります。私自身、家から飛び出し地元の関係も断ち切った頃、家族からは「見捨てるのか、自分だけが良ければいいのか」と非難を浴びたものです。

こうした家庭内や交友関係の「地元意識」は大きな圧力となり、たとえ本人が今の環境から脱出したいと考えていたとしても、実行を思いとどまらせてしまう要因のひとつとなります。

壊れていく家庭のひとつのあり方

私が生まれ育った家庭は、いわゆる「機能不全家庭」でした。

しかしながら、自分の家庭が「普通」でないことに気が付いたのは、思春期以降のことです。簡単にいえばうちは、父親が家庭や育児に不干渉で、母親が「父親の分も自分が責任を持って子どもを立派に育てなくてはならない」といった強迫観念からくる過干渉の傾向にあり、おまけに長男である兄が非行に走り、家庭内暴力や反社会的行為をくりかえすといった「典型的な機能不全家族」だったのです。

父親は気に入らないことがあるとすぐに仕事を辞めてしまう癖があり、退職と転職をくりかえしたり、ある日突然、母親になんの断りもなく会社を辞めて帰ってきたりすることがよくありました。ときには1年近くも無職のまま過ごすこともあり、転職活動をする様子もなく、一家の貯金が底をついていることを母親からせっつかれても返事すらしないほど夫婦関係は冷え切っていました。

無職期間の父親は引きこもりで、近くのコンビニにたまに行く以外は外に出ることがほとんどありませんでした。おまけにアルコール依存気味であったため、寝ているとき以外は常に酒を飲みながらテレビを見るだけの生活を続けていたのです。

20年以上も同居していたにもかかわらず、私や兄は父親と会話したことがほとんどありません。時折、気まずさに耐えきれず勇気を出して話しかけてみることもありました。しかし父親はいつもぼうっとテレビを眺めていて、聞いているのかいないのか、何を言ってもたまに「うん」と答えるばかりでこちらを一瞥もしないので、それ以上会話が続くことはありませんでした。

母親は、そんな父に振り回されていつも疲弊していたように思います。貯金が底をつくたびに母方の祖母に頭を下げてお金を借りていましたが、それもできなくなった頃、母親は次第に、私が知っている母親ではなくなっていきました。

私が小学校の高学年にあがるくらいだったか、母親はいつしか朝になっても布団から出てこず「もう死にたい」と泣きながらよく私に訴えかけるようになりました。突然どこかへ家出をして連絡がつかなくなった母を探すため、真夜中の街を一人きりで泣きながら走り回ったこともあります。

おそらく何らかの精神疾患を発症していたであろう母は、外出先で発作のようなものを起こして動けなくなることがよくありました。迎えに行くのは決まって私の役目でしたが、病院を受診することをすすめても「お金がないので病院に行きたくない」というばかりで、症状が改善することはありませんでした。

私が幼い頃の母親は、基本的に明るくて優しい女性だったように記憶しています。母は兄を出産するまで、理容師として働いていました。しかし、父が育児に無関心で一切かかわろうとしなかったため、育児と仕事、家事の両立が難しく、勤めていた理容室を辞めざるを得なくなったのです。

年子である兄と私を一人で見なければならないストレスは相当なものだったようで、母はどんどん自分をコントロールできなくなりました。2人の赤ん坊の泣き声に耐えきれず、なんとか泣き止ませようと私たちの顔を毛布で覆ってしまったこともあったといいます。

そんな日々が続いて余裕がなかったためか、母親は感情にまかせて激しく怒ることが多かったように思います。コップに入ったお茶をこぼしてしまったり、母親の機嫌を損ねてしまったりすると、彼女はよく私たちを叩きました。

私がまだ5歳くらいのときに、食べていたカップ麺を容器ごと足の上に落としてしまったことがありました。熱湯がかかって水ぶくれができるほどの火傷を負ったにもかかわらず「こぼしたことを知られたらまたお母さんに怒られてしまう」と思った私は、太ももの上に落ちた麺やスープをとっさに払い落とすこともせず、熱さに耐えながらぶるぶる体を震わせ、ボロボロと静かに涙を流すことしかできなかったのです。それほどまでに、私は母親のことを恐れていました。

それでも、私は彼女のことが好きでした。怒っているときは怖いけれど、普段の母はとても優しかったし、私を本当に愛してくれていることを知っていたからです。

私がもっとも思い悩んでいたのは、兄との関係性でした。兄は非常に攻撃的な性格で、気に入らないことがあると私や母親だけでなく家の外でも、誰彼かまわずすぐに暴力を振るう癖があったのです。妹をいじめているのがばれると母親に叩かれるのを理解していた兄は小学生のとき、よく母親に隠れて私を殴ったり物を投げつけたりしました。

今考えると兄には強いコンプレックスのようなものがあったのか、私が憎くてしかたがない様子で「学校の友達も母さんも、お前のことなんか誰も好きじゃない。存在価値がない人間なんだから早く死ね、誰も悲しまないから死んでしまえ」と執拗に言い続けることがよくありました。

兄の暴力が誰にも手がつけられないほど激化しはじめたのは、中学生になった頃でした。母親はそれまで兄が暴れて壁や家具を壊したり私を殴ったりするたびに力ずくで制止していましたが、兄が成長して体が大きくなったためにそれも敵わなくなってしまったのです。

父親は私や母が殴られていてもまったく気にならないようで、悲鳴や泣き声が聞こえていても、私の顔が血まみれになっていても表情を変えず、テレビから目を離すこともありませんでした。父親が唯一怒りの感情を露わにするのは、兄が私たちに怒鳴る声がうるさくてテレビの音が聞こえないときだけです。それ以外は何を考えているのかが一切分からない父親のことを、「まるで爬虫類のようだ」と不気味に思ったこともあります。

恐怖や不安が子どもに与える影響

小さい頃の私はとにかく臆病で、誰かが「あっ！」と大きな声を出しただけでも咄嗟に頭を抱えてうずくまり、怯えてしくしく泣きだすような子だったといいます。

人の顔色を過剰にうかがう癖は今でも体に染み付いていて、特に男性から威圧的な態度をとられたり不機嫌な表情を察知したりすると、たとえ親しい相手であっても強い不安を感じ、意思とは関係なく泣き出してしまうほどです。

誰かを怒らせると痛い目に遭うと思っていた私は、自分の身を守るために「完璧であること」に強く執着していました。母親や兄の反感を買うようなことは絶対あってはならないため、食べ物をこぼさないようにするとか、八つ当たりされないようになるべく存在感を消しておくとか、2人の「不機嫌の種」をあらかじめ排除することで殴られないようにしていたのです。

しかしながらどれだけ工夫しても暴力がなくなることはなく、それどころか激化していき、私が中学に上がる頃から家庭は急激に崩壊しはじめました。私の心身に大きな異変が出はじめたのも、ちょうどこの時期のことです。

家族で食卓を囲む習慣もなく、食事は自分の分だけを部屋に持ち込み、食器を床に置いて一人で食べるのが普通だった私は、成人するまでの長いあいだ誰かと食事をするのが大の苦手でした。

地獄だったのは、給食やお弁当の時間。特に症状がひどかった中学生のとき、教室で昼食を食べようとすると「人に見られている」という不安に脳が支配され、手や口が震えて食べ物をこぼしてしまうのが辛くてたまらなかったのを覚えています。

また、ストレスからか顔の右半分が麻痺したようになり、笑おうとすると顔が大きくゆがむので、高校を卒業するくらいまでの数年間は笑顔のない学生生活を送ることになりました。人と関わるのを避けて、何かと付き合いが悪く、心ここに在らずの私を嫌う人たちもいましたが、学校での人間関係どころではなかった当時の私にとってはあまり気にならないことでした。

家にいるのは苦痛だったけれど、他に居場所がなく頼れる人もいなかった私にはひたすら耐えることしかできず、「こんな日々が永遠に続くのではないか」とただただ自分の人生を悲観するしかなかったのです。

「何をやっても無駄だ」という無力感

アメリカの心理学者・セリグマンは、1967年に「学習性無力感」という理論を発表しています。学習性無力感とは、いじめや監禁、暴力など、抵抗や回避が困難な状況に長期間さらされ続けた場合に見られる次のような反応を示したものです。

(1) 自らその状況を脱する行動を起こさなくなる
(2) 何をしても状況が変わらないと感じ、「努力すれば脱出できるかもしれない」とすら考えられなくなる
(3) ストレスの原因から逃れられない状況で、情緒的に混乱をきたす

学習性無力感は、過度のストレスを受けながらも回避行動を行わない人が一定数いることを実験で証明し、彼らの行動の心理的根拠を裏付けたものです。

当時の私たちは長期間の暴力や恐怖によって支配された結果、おそらくこの「学習性無力感」に陥っていて「危険な場所から逃げなければならない」というような、生物としての「正常な判断」ができない状態にあったのだろうと思います。

一般的に考えれば「異常な環境」で育った私ですが、家庭から逃げ出すことを決心し、行動に移したのは成人してからのことでした。死んでしまいたいほど辛かったはずなのに、当時は「ここからは決して逃げられない」と考えて疑わなかったのです。

圧倒的な力関係の前では、どんなに抵抗しようと、状況を変えようと試行錯誤しても、あがけばあがくほどもっとひどい目に遭わされてしまいます。無力感が募るばかりで、まるで「何をやっても無駄だ」と頭が勝手に学習し、とうとう考えることさえ諦めてしまったようでした。

もちろん、初めから何もしなかったわけではありません。母は、成長するにつれてどんどん粗暴になる兄をなんとしてでも食い止めようとあれこれ試行錯誤していましたし、暴力に屈しない姿勢を示したり、兄の精神状態を心配して、病院へ連れて行くことも視野に入れていました。私もまた、家庭内暴力を解決するためにさまざまなアプローチを探したり、警察に通報することも考えていたのです。

しかしながら、兄を残して母親と一緒に家から逃げたり、警察に家庭内暴力を通報したりする方法は「現実的な解決策」とは程遠く、私たちにとっては論外でした。安全な居場所を確保するだけの金もなければ、事件に巻き込まれるリスクを負ってでも匿ってくれる第三者もいるはずがありません。そして警察に通報などすれば、万が一それで兄が逮捕されたとしても、数日か数ヵ月で私たちの元に帰ってくるでしょう。そのとき、兄を通報した私たちは、恨みを募らせた彼に一体どんな目に遭わされるでしょうか。当時を考えると誰かが命を落としてもまったく不思議ではない状況でしたから、よく世間で言われている「逃げればいい」「家族だからと遠慮せず通報するべき」という言説は、当事者にとって机上の空論に過ぎないのです。

このように私たちの忍耐も虚しく、事態は悪化の一途を辿るばかりでした。いくら調べても、兄の家庭内暴力を止める現実的な手段は無く、のちに起こりうる報復などのリスクも踏まえると、(あくまで)この国では、家庭内暴力の解決については「その場しのぎ」にすらならない選択肢しかなく、ただただ暴力に晒されることしかできません。

そして非常に残念なのは、私が家庭内暴力に苦しんでいた十数年前から現在まで、日本では家庭内暴力についての理解がほとんど進んでおらず、被害者救済のための具体的な法律や制度がいまだに存在していないことです。

きょうだい間の家庭内暴力

この本を執筆している最中に、まだ12歳だという人のアカウントから、私のＳＮＳにダイレクトメッセージが届きました。彼女は兄の家庭内暴力が年々激化の一途を辿っているることに危機感を抱いて悩んでいたところ、たまたまネット上で私の書いた記事を読んだのをきっかけにＳＯＳをくれたようです。彼女が「自分とまったく同じ経験をしている人がいるのだ、と驚いた」と言う通り、私と彼女の間にはあまりにも共通点が多くありました。自分が殴られることも相当に辛いけれど、母親が殴られているのを見るのがとにかく辛い。父親は状況を把握していても、何もしようとしない。周りに相談できる人がいない。だんだんと生きる気力が失われつつあり、この先さらに暴力が激化するのかと思うと、もう死んでしまいたいと思う。どれだけ調べても、解決策が見つからない。

「助けてください」という一言で締めくくられた文章を読んだ時、私は彼女に自分を重ねてしまい、何かが込み上げて筋肉がこわばったせいか、喉の奥がギュッと痛むのを感じました。すぐさま過去の自分と同じように解決策を探してみるのですが、相変わらず、現実的な解決策が存在しないのです。

なんとかしてやりたいと思う一心で、私の知人であり、行き先のない子どもたちの支援活動をしているＮＰＯ法人の理事に連絡をしてみたところ「うちで対応しますよ」と快い返事が返ってきました。ほっとしたのも束の間のこと、ふと「果たしてどんなふうに対応がされるのだろうか」という疑問が頭をよぎります。そこで、理事に「あの子はこれからどういった支援に繋がるのですか」と聞いてみることにしました。すると、理事からは「できることは全てやってみるけれど、正直どうなるかわからない」と渋い返答がありました。

例えば日本には、親から子への虐待であれば、場合によって行政や児童相談所が「親の同意無しに」被害児童を保護することができる法律があります。しかしきょうだい間の虐待、暴力であれば「親が子どもを殴っているわけではない」ために、行政や児童相談所が動けないという壁が存在しています。民間の支援団体であっても「親から子への虐待が確認できず、親の同意も無い」状態で被害児童を保護すれば、誘拐とみなされる可能性があります。

つまり支援団体側としても、現状では「子どもと親の間に入って解決の糸口を探る」以外にやれることがほとんどない、というのが現状の日本なのです。私はこれが日本の福祉構造の欠陥だと思いますし、早急に対策を検討して、具体的な法案や制度が作られるべきだと考えています。

「生活を維持すること」にとらわれている

「どうあがいてもここからは逃げられない」と思うまで追い詰められていると、視野が驚くほど極端に狭くなります。楽になれないならばせめてこれ以上、事態が悪化しないように可能なかぎり現状を維持したい。

そんな風に目先の生活をどうにかすることばかりに気を取られてしまって、長期的な目線で計画を立てたり物事を考えたりすることが難しくなるのです。

例えば壮絶なＤＶや虐待などの被害に遭っている人が、今よりもマシな仕事に就くために資格の勉強を始めたり、就職活動に精を出したり、受験勉強をしながら自分でお金を貯めていい大学に入ろうと考えたりするでしょうか。稀にそういった人がいたとしても割合はかぎりなくゼロに近く、ほとんどの場合は「生きること」だけで精一杯で、そんな余裕はないでしょう。

明日生きているかどうかわからないような状況で、自分が将来、人並みの「幸せ」を手に入れて生きているイメージが思い浮かぶはずもありません。「ただただこの苦しみが死ぬまで永遠に続くのだろう」と絶望し、自らの人生を呪うことしかできない日々を過ごしているためです。

健康的な生活を送ることすら困難に

さらに、過酷な環境に置かれて切迫していると仕事や食事、睡眠など生きるために最低限必要なことをこなすだけでも精一杯で、例えば歯医者に行くとかランニングをするとか、健康的な生活を送ったり生活の質を整えたりすることにまで気が回りにくくなります。

精神的な問題を抱えていて、さらに生活リズムが崩れがちな人に対して「規則正しい生活を送ると症状が改善する」といったアドバイスがされるのを見ることがよくありますが、彼ら彼女らにとっては実はそれが一番難しいように思います。私自身もそうですが、健康的な生活をするまでに、越えなくてはならないハードルがあまりにも多いのです。

これもいわゆる「長期的な目線」の欠如であって、果たして「死にたい」と考えるほど参っている人がランニングを日課にできるのか、早起きして一汁三菜の食事を摂れるのか考えると、現実的には難しいでしょう。

満身創痍の体では、毎日決まった時間に仕事や学校に向かい、帰宅して食事や睡眠を取るだけでも一苦労で、症状がひどい時期には外に出ることもできず、寝床から起き上がることや、食事を摂ることすらできない日が続くこともあります。

どれだけ苦痛を抱えて生きていても、仕事や学校を休みながらでも、いつまで続くかわからない「日常」を維持しなければならないのは変わりません。職場や生活様式など、「日常」の中の何かが変化するとそれに適応するために労力を使うため、同じことを繰り返すだけの毎日を無意識に選んでしまいがちで、自力で状況を変えるのは非常に難しいことです。

ただ「生きている」だけの毎日で

私自身、特に会社員として一般企業で働いていた頃は、日常を維持するために「とにかく睡眠時間を確保すること」に異常に執着していたように思います。

少し遡りますが、肌が黄色くなって退社した会社に転職する以前、私が23になる年のこと。私は実家から逃げ出して東京の商社に新卒で就職し、一人暮らしをはじめていました。「ようやく苦痛から解放されるのだ」と淡い期待に胸を膨らませていた私の予想とは裏腹に、住む環境を変えただけでは、地獄のような日々が終わることはありませんでした。

夜、電気を消して布団に横になると必ず兄に殴られる記憶がフラッシュバックして、パニックに近い発作が毎日のように起きるようになったのです。いくら考えないようにしていても、当時の光景や音、感情までもが鮮明に再現されて脳に流れ込んでくるような感覚に支配されるため、自分の意思でどうにか回避できるようなものではありません。

嗚咽が止まらず、明け方になってようやく泣き疲れて眠る。朝の6時まで眠れない日は仕方なく、一睡もできずに泣き腫らした目のまま仕事に向かうような生活を送っていたため、いつしか「睡眠を確保すること」に固執するようになったのだと思います。

朝はできるだけギリギリまで眠り、出社後はいつも「いかに早く仕事を終わらせて家に帰るか」以外は考えられませんでした。終業後に会社を出れば、1本でも早い電車に乗るために必死で走り、どこにも寄り道せずにまっすぐに帰宅して大急ぎで食事、入浴を済ませて布団に入る。これが、当時の私にとっての「日常」でした。

この頃の私は、自分の生活のペースが誰かに乱されることを異常に嫌がりました。それは不測の残業や飲み会だけにとどまらず、仲の良い友人からの誘いですら、私にとっては大きなストレスでしかありませんでした。退勤後の予定がどれだけ楽しかったとしても、帰りの電車、さらに友人と一緒にいる瞬間でさえも、「帰ってすぐに寝支度を済ませても、もう○時間しか寝られない」という気持ちで頭がいっぱいになってしまうのです。

こうした強迫観念にとらわれた私の生活には一切の余裕がなく、ただ毎日、仕事に行くために生きているような感覚でした。それにもかかわらず、私は自分の異変に気が付くこともなければ、危機意識を持つこともなかったのです。

私の場合、周りにいた人たちが異変に気が付くこともありませんでした。私が働いていた商社は「法律」の「ほ」の字もないようなブラック企業であり、社員たちは慢性的な人手不足による激務に悩まされていました。それぞれが自分自身の「日常」を維持することで精一杯で、私自身も「みんな辛いのだから、弱音を吐くわけにはいかない」と考えて、心の内を誰にも悟られないようつとめていたのです。

当時の私の生活を知った人から「そんなに辛いのになぜすぐに逃げなかったのか」と聞かれることがよくあります。はじめはすぐに答えが出なかったのですが、よくよく考えてみるとあの頃の私は「かろうじて形をとどめている日常」を壊したくなかったのだとわかりました。上京した私が住んでいたのは、会社の借り上げ住宅でした。

もしも仕事を辞めればアパートから追い出され、再びあの家庭内暴力の地獄へ戻ることになるかもしれない。毎日いつ殴られるかわからない恐怖に支配されていたときにくらべれば、不眠症でも激務でも、身の安全が物理的に保証されている今のほうがよっぽどマシ。そういった思考にとらわれて、決して健全とは言えない生活にさえ、しがみついてしまっていたのだと思います。

「もう二度とあの頃に戻りたくない」と思っていた私にとって、仕事を失うことは「死」を意味していました。頼れる親類もいなければ、金銭的な支援を受けることもできない。

〝安全な場所〟に身を置いていてもなお毎晩フラッシュバックに苦しめられているのに、もしもまた暴力を受けながら生きることになれば、きっと耐えきれず衝動的に命を絶ってしまうだろうことは、容易に想像できました。

「あの頃よりマシ」にとらわれた人間が「さらに豊かな暮らし」を目指せるようになるまでは、段階的なプロセスが必要であるように思います。こうした話をするとき、私はたびたびマズローの「欲求段階説」を使って説明しています。

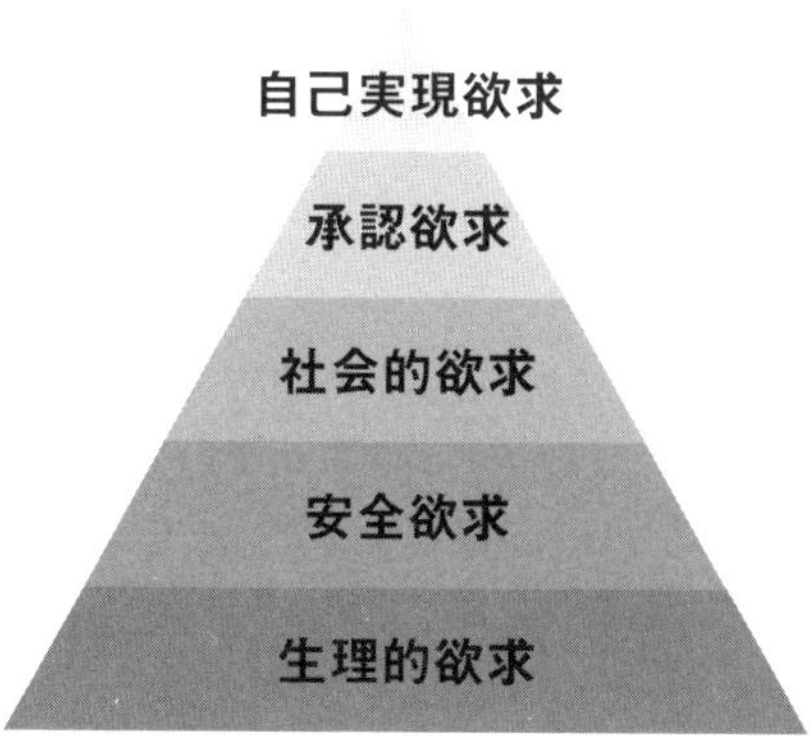

図　マズローの欲求５段階説

アメリカの心理学者マズローは人間の欲求について述べるとき、「５段階に分けることができる」と主張しました。欲求の優先順に並べると、①生理的欲求、②安全欲求、③社会的欲求、④承認欲求、⑤自己実現欲求（成長欲求）とされており、優先順位が高いものが満たされて初めて、次の段階の欲求が現れるとしたのです。

①の生理的欲求が欠乏している人、例えば生命を脅かすほどの飢餓状態にある人が、世間から自分の価値を認められたいとか、社会的ステータスを手に入れたいという風に考えるでしょうか。何よりもまず食料を手に入れ、空腹を満たしたいと思うのが生物としてより本能的な欲求であることは自明です。

生命を維持できるほどの食料、睡眠はあっても「身の安全」が確保できない環境に生きている人は、②の「安全欲求」が満たされていない状態にあります。おそらく今の日本には生理的欲求が満たされない人よりも、この「安全欲求」の段階にとどまっている人のほうが圧倒的に多いと考えられます。

通常は安全な場所である家ですら、彼ら彼女らにとっては「命の危険すら感じる無法地帯」でしかなく、かと言ってその身を匿ってくれるような頼れる親戚もいないとなれば、「何かに所属して他者と関わりたい」という③の「社会的欲求」や「価値を認められたい」という④の「承認欲求」は、そもそも現れようがない欲求なのではないでしょうか。

見えざる弱者が見ている景色

今では安全欲求が満たされ次のステップへと移行した身としては、自分が置かれている環境によって、人間はこうも見える景色が変わるものかと驚かされるばかりでした。

中学校の定期検診で発覚した虫歯を治療しようという気になったのは、それから10年が経ち、一人暮らしを始めてしばらくしてからでした。不思議なことですが、痛みも不快感もあったはずなのに、「歯医者で治療しよう」とは全く思えなかったのです。私が治療に積極的になれなかった理由には、もちろん経済的な事情もありました。家庭が貧しく生活費を切り詰めて暮らしていた私たちにとって、医療費は臨時の出費であり、なるべく削らなくてはならない「無駄」でした。もともと体が弱く、体調不良を訴えることの多い子どもだった私は、母親の苦労を知っている分、病院に行かせてほしいと言うことに罪悪感を覚えていました。そのため虫歯の治療が必要であることもなかなか言い出せないまま時は過ぎ、激化していく家庭内暴力に耐えることに毎日精一杯で、しまいには歯医者に行くことなど考えられなくなっていったのです。

児童養護施設で働く人に話を伺って興味深かったのは、保護された子どもたちが自分の困りごとを話せるようになるまでには、いくつかのプロセスが必要であるということです。まずは子どもに「自分は今安全な場所にいる」ということを確認してもらい、時間をかけて信頼関係を築くこと。人によって必要な期間は違いますが、このプロセスを経て初めて、例えば「眼鏡の度が合っていないので作り直したい」とか「虫歯があるので治したい」といったような、いわゆる「最低限の衣食住」以外の、日常生活を送る上で感じている不自由を解消したい、という要望が出始めるのだそうです。

「見えざる弱者」が見ている景色と、健全な状態にある人間が見ている景色はまったくもって違います。しかし多くの人たちが、当事者でさえもこの事実を知らないゆえに、なんらかのケアや助けを必要とする人は自分たちが不健全な状態にあることを自覚できていません。

そして誰からも気付かれず、自分では理由のわからない生きづらさを感じながら、他人と自分を比べては「どうして私は努力ができないダメ人間なのだろう」「自分はなんて怠慢な人間なのだろう」と、日々消耗しながら生きているように思えます。

第3章

愛着の形成が持つ大きな影響力

「生きづらさ」の正体とは？

生きづらさと現代社会

厚生労働省の調査によると、2014年の精神疾患の総患者数は392・4万人で、そのうちうつ病を含む気分障害は111・6万人。1999年の気分障害は44・1万人であるため、「実際に病院で診断を受けた」患者数は2倍以上になっています。抑うつ状態であるものの病院にかかっていない人の存在を考えると、おそらくもっと数は膨らむでしょう。

約20年間で患者数がここまで膨らんだのは、経済危機や不安定な雇用のほかにも、ここ十数年のあいだに「うつ病」などの精神疾患が世間的に広く認知されるようになり、病院を受診する人が増加したことも理由として考えられそうです。

うつ病に関しては今や誰もが名を聞いたことのある疾患で、もはや「国民病」と言っても過言ではないほど深刻な社会問題となっています。しかし十数年前までは、世間ではうつ病に関しての理解はほとんどありませんでした。

誰も「うつ病」がどれほど深刻な病気であるか知らなかったうえ、知識がないために、

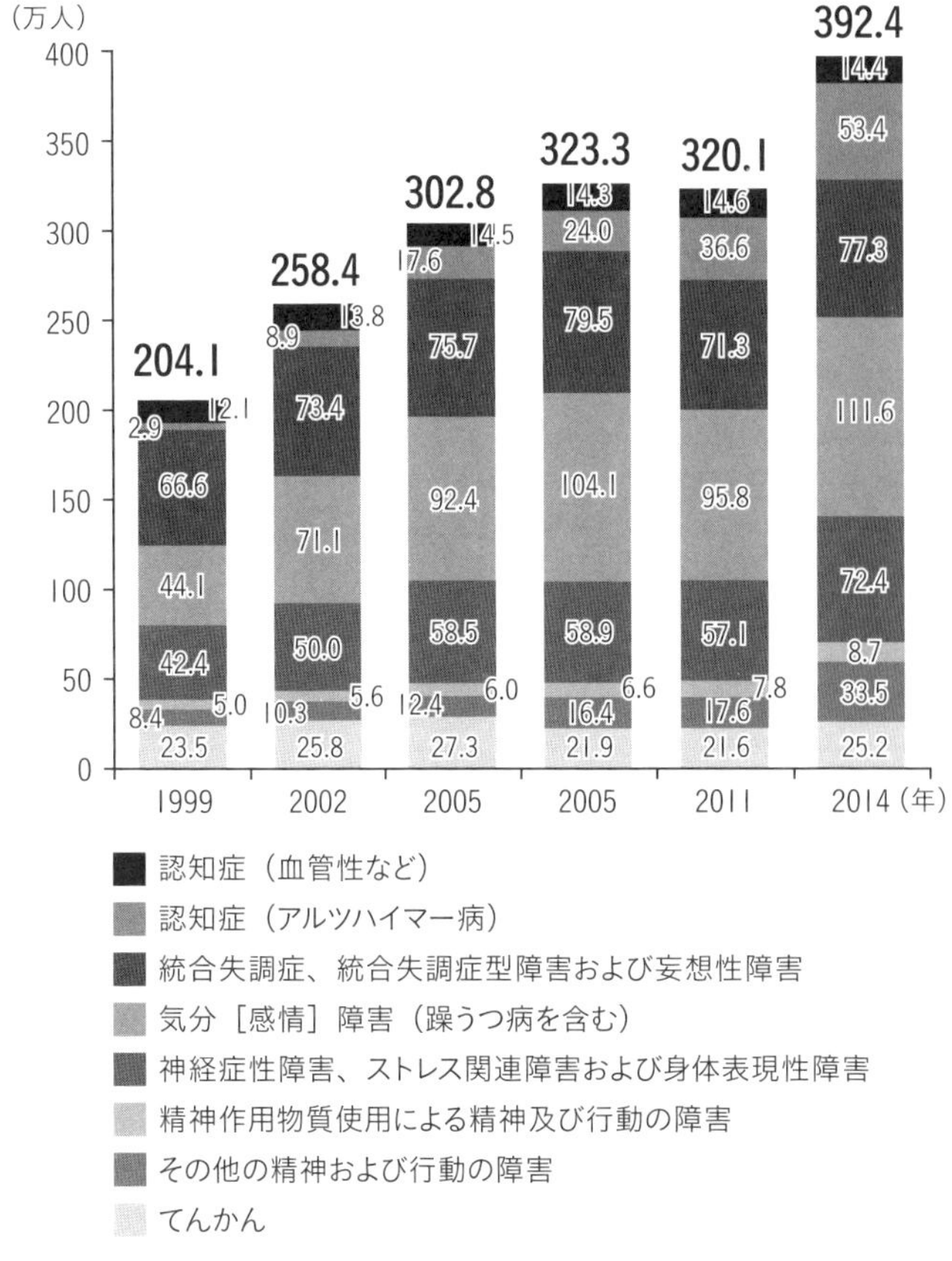

※総患者数は、表章単位ごとの平均診療間隔を用いて算出するため、
合計が総数に合わない場合がある
※2011 年の調査では宮城県の一部と福島県を除いている

出典：厚生労働省「患者調査」より厚生労働省障害保健福祉部で作成

図　精神疾患を有する総患者数の推移（疾病別内訳）

本人であっても気付くことすらできなかったケースも相当多いでしょう。

しかしニュースやワイドショーなどのテレビ番組、さまざまなメディアが「うつ病」について大きく取り上げるようになると、こうした状況は大きく変わりました。

「自分もそうかもしれない」「この生きづらさは病院にかかってもいいものだったのか」「ああ、あの人は実はそんなに辛い状況だったのか」という理解が一気に広まったのです。「甘えだろう」と言われ、長年多くの人を苦しめてきたはずのうつ病が、ようやく「市民権」を得たのです。

これは、ある疾患が世間の多くの人々の認知を得て、知識が共有されたためにほかなりません。そして現在、うつ病についての支援や社会的保障はある程度広がっています。

何度もくりかえしますが、こうした疾患の治療を受ける人が増加したのは、世間の人々から一定の理解を得られたからであり、「自分もいつそうなるかわからない」といった当事者性を、多くの人たちが持ちはじめたためです。

愛着の問題について

機能不全家族を語るときに、いま理解が欠かせないのが「愛着」の問題です。

ここで言う「愛着」とは、幼児期の子どもと、母親や父親など養育者側のあいだに形成される情緒的な結びつきのことです。本来、子どもの頃に育まれるはずの愛着が何らかの理由でうまく形成されなかった場合、子どもは精神的発達に問題をかかえる傾向があることがわかっています。

「機能不全家族」と「愛着」は非常に密接した関係にあります。通常は安心できる居場所であるはずの家庭がストレスフルな環境であれば、子どもは強い不安や恐怖を感じたりうつ状態になったりして、心理的な安定を保つことができません。

ある種の「生きづらさ」を持ってしまった子どもにとって、世の中には障壁があまりにも多くあります。対人関係に困難を感じることや、ストレスから身体的な症状を引き起こすことも考えられるでしょう。

家庭の機能に何らかの問題があれば、それが子どもへのストレスになり、愛着形成に重大な影響を及ぼすことがあります。例えば両親の不仲、ドメスティックバイオレンス、虐待、離別などの経験が直接、子どもの精神的発達や人格形成に影響して、深刻な精神疾患を招く可能性すらあるのです。

日本では、子どもの頃に経験したことがきっかけでその後の人生に深刻な問題をもたらすかもしれないこと、また、それが新たな機能不全家族を生む原因にもなりうることに対して、世間の理解が進んでいるとは言えません。貧困や虐待の連鎖や再発防止について考えるとき、これらの問題からは決して目をそらすことができないはずなのに。

人生を左右する生育環境

「生育環境」はその人の一生に大きな影響を及ぼします。

しかし「生まれ育った家庭の環境がその後の人生を左右する」と聞いても、あまりピンとこない方のほうが多いかもしれません。「家柄、学歴、人脈などで人生の難易度が変わる」というのはなんとなく、世間一般でも広く認識されていることかと思いますが、例えば「機能不全家庭で育った人がその後どういった生活を送っているのか」については、当事者でなければなかなか具体的に知る機会もないうえ、イメージしづらいのではないでしょうか。

ほんの少しだけ例を挙げるとするならば、健康診断では異常がないのに、なぜかいつも体調が良くない。職場の人たちと同じような働き方をすることに、もう限界を感じている。どうしてかわからないけれど、男性上司の怒鳴り声を聞くたびに体がこわばって頭が真っ白になってしまう。人と関わるのを、金輪際やめてしまいたい。

これらの原因がすべてその人の「生育環境」からくるものである、というわけでは決してありませんが、カウンセリングを受けたり心療内科で治療を進めたりしていくと「本人ですら気付いていなかったけれど、実は子ども時代の経験が関係している」というケースは少なくないようです。

自分のなかにある傷に無自覚なまま、さらに傷口に塩を塗り込むような環境で、痛みを感じながら、傷を化膿させるような生き方を余儀なくされている人々。彼ら彼女らが抱えている「生きづらさ」を理解するカギの一つが愛着障害なのです。

愛着形成の重要性

愛着障害とは、子ども時代におこなわれる通常の親子間の愛着形成（子どもと養育者との間に形成される情緒的な結びつき）が、何らかの原因でうまくいかず、その後の人格形成や精神状態に負の影響を与えるものです。

「愛着形成」は本来、生後半年〜1年半の1年間がもっとも重要な時期とされています（おおむね10歳までに経験したことで、その人間の人格が形成されるとも言われています）。

例えば、この期間に母親と離れて育った、父性や母性を感じずに育った、虐待されていたなどの機能不全があると、その子どもはなんらかの心の問題を抱えやすく、思春期以降にリストカット、摂食障害、家庭内暴力、非行、パーソナリティ障害などの精神疾患を発病・併発することが多いといった報告があります。

また、夏目漱石、太宰治、アドルフ・ヒトラー、尾崎豊、宅間守元死刑囚（大阪教育大学附属池田小事件）らが愛着障害を持っていたという説は非常に有名であり、愛着障害について解説する書籍などには、彼らの生い立ちにまつわるエピソードがたびたび登場します（星野仁彦著『家族という病巣』他に彼らのエピソード・愛着障害の問題点が詳細に書かれていますので、ご興味がある方はぜひ読んでみてください）。

ただし、私たちが精神・心理領域の分野に触れるときに注意すべきなのは、症例の一部分だけを見たり聞いたりして、医師による診断もなしに、素人判断で「自分は愛着障害である」「あの人はきっと愛着障害だろう」と思い込まないようにすることでしょう。

自分や誰かを何かの枠にカテゴライズすることで「安心感」を得られる場合もありますが、誤った自己診断によって本来受けるべき適切な治療から遠ざかってしまったり、隠れた疾患に気付けなくなる可能性があるので、万が一「もしかして」と心当たりがあるときは、必ず専門医の診察を受けることをおすすめいたします。

「生きづらさ」の原因が子ども時代に

精神科医である岡田尊司氏は、著書『愛着障害――子ども時代を引きずる人々』のなかで、次のように指摘しています。

「さらに成人でも、三分の一くらいの人が不安定型の愛着スタイルをもち、対人関係において困難を感じやすかったり、不安やうつなどの精神的な問題を抱えやすくなる」「愛着障害と呼ぶほど重度ではないが、愛着に問題を抱えた子どもが、かなりの割合存在することになる」

愛着に何らかの問題を抱える人が3人に1人くらいの割合でいるとすれば、本人ですら原因のわからない「生きづらさ」の正体が、実は子ども時代に経験したことや、育った環境に由来するものである可能性も十分に考えられるのではないでしょうか。

（※ちなみに岡田氏は「愛着に何らかの問題を抱えている大人は3分の1くらいいる」としていますが、私が調べたかぎりでは2023年現在、岡田氏の著書以外に明確なエビデンスが確認できませんでした。そのため、「大人の3分の1が愛着に問題がある」という数字についてはは慎重に取り扱う必要があることを明記しておきます）

ともかく、こうした「愛着」の問題に苦しんでいる人は、おそらく私たちが予想しているよりも多くいるように思えます。

「愛着障害」と呼ぶほど重度ではなくても、愛着形成に何らかの問題を抱えた大人や子どもが相当数いるという数字が専門家によって示されていることから、生育環境からくる「生きづらさ」がいかに他人事でないかがわかります。

そして、私たち一人ひとりが「ある事実」を「知る」ことがどれだけ効果的であるかも、前述した「うつ病」の例から見ても明らかだと言えるでしょう。

心の問題に気が付くまで

今現在、自分を苦しめている不調の原因が、もしかすると子ども時代にまで遡るかもしれない。何の予備知識もないまま、そんな風に「問題の根源」にたどり着くことは決して容易ではありません。

私の場合、十数年も前から悩まされている心身症に生育環境が大きく関係していると判明したのは、心療内科に通院するようになった24歳の頃のことでした。

心療内科への受診を決めたのは、心身の不調で当時勤めていた会社での業務に支障が出るようになって仕方なく、半ば嫌々で「今よりもよく眠れるなら」「少しでも辛さをごまかせるなら」といった気持ちからだったと思います。

慢性的な不眠症であまり眠れていなかったためか、仕事の効率は以前と比べ物にならないほどに下がり、それまでならしなかったようなミスが目立つようになりました。

朝、仕事に出かけようとすると気分が悪くなる。通勤電車の中で体調が悪くなり、冷や汗をかいたり、吐き気や腹痛をもよおすことも頻繁にありました。我慢できず途中で下車せざるを得ないことも多く、余裕を持って会社に着けるよう、毎日早めの電車に乗ることにしていましたが、それでも日によってはどうしても遅刻してしまうことや、勤務中に体調が悪くなり、早退を余儀なくされることも少なくありませんでした。

「このままではまずい、どうにかしなければ」と内科や消化器科にかかって検査をしても、特に異常は見当たらず「食事に気をつけるように」と整腸剤や一時しのぎの吐き気どめを処方されるだけで、いつまで経っても解決にはいたりません。

そんな状態であるため、会社での居心地は決して「良い」とは言えず、当時の私は常に「他の社員たちに申し訳ない」と、後ろめたい気持ちでいっぱいでした。

「体が弱い自分が悪いのだ」と思い、必死でみんなと同じように働こうとしますが、無理が祟って日に日に身体の不調はひどくなり、「せめて睡眠導入剤だけでももらえれば」と、なかばすがるような気持ちで心療内科を受診したのでした。

毎日たしかに吐き気や腹痛があって、実際に嘔吐や下痢が続いているにもかかわらず、それまでの私は自分自身の不調について「自分に逃げ癖があるだけ」「きっとこれは甘えからくるものなんだろう」とばかり考えていました。

それはおそらく、これまで原因がわからなかった不調をすべて「ストレス」で片付けてしまっていたこともちろんですが、どちらかと言えば体調不良に関して、誰からも理解を得られずにいたことが大きく関係しているように思えます。

子どもの頃から虚弱体質で体を壊しやすかった私は、たびたび母親に不調を訴えることがありました。しかし母親からはほとんど「気の持ちようだ」と受け流されるばかりで、私が体調を悪そうにしていると「私だってしんどいわよ」とか「当てつけだろう」と不機嫌になったり怒ったりするため、成長するにつれ、次第に「体や心が弱いのは自分が悪いのだ」と考えるようになったのです。

実は、心療内科を受診するのは24歳のこのときが初めてではありませんでした。20歳くらいの頃、兄の家庭内暴力が激化して学校にもアルバイトにも行けず、毎日死ぬことしか考えられなくなったときに一度だけ、誰にも内緒で心療内科を受診したのです。

受診したことがもしも母親に知られれば、どんな言葉で傷付けられるかわからない。そう思っていたため、地元から少し離れた、通学で乗り換える駅のホームにあった心療内科の広告を思い出して、重たい足を引きずるようにして訪れたのをよく覚えています。

初診のため30分ほどかけて聞き取りや心理テストを受けたのち、医師の口から飛び出したのは、私にとって意外な言葉でした。「うつの症状が出てますね、それもかなり重度の」「うつ」。そう聞いて真っ先に浮かんだのは、「うつ病の人たちはもっと辛い思いをしているんじゃないか。自分なんかがうつ病になるだろうか」といった疑念でした。

しかしよくよく説明を聞けば、私の状態はどうやらうつ病と断定することができず、医師の言葉をそのまま借りるならば「もっと複雑な何か」だというのです。

「とにかく通院と服薬が必要なので、2週間後にもう一度来てください」と言われたものの、会計を済ませたあとの私の財布には千円札が1枚と、数枚の硬貨があるだけ。それまで三つ、四つ掛け持ちしていたアルバイトにも行けなくなり、金銭的に余裕がなかった私にとって、月に1万円ほどの通院費の捻出は不可能です。

さらに「実家から逃げて、世話を見てくれる親戚に頼ったほうがいい」といった医師のアドバイスはまるっきり机上の空論で、かくまってくれる大人が身近にいない私には少しも役に立たないものでした。

以来そういう経緯で心療内科からは足が遠のき、再び受診するにいたるまで、およそ5年ほどの歳月を費やしたというわけです。

二度目の診察

自分の心の不調から目をそらし、体をごまかしながら騙し騙し生きるのにとうとう限界がきた。まさか自分が心療内科に通院することになるなんて。

社会人3年目、仕事に支障をきたすようになってひどく疲れ切っていた私は、観念するかのように二度目の受診を決めました。

以前、知人が精神のバランスを崩して病院に通院しているのを知ったときはとにかく心配で、そこまで追い詰められてしまったことが気の毒で仕方がなかったのに、〝自分が〟心療内科にかかることは少し大袈裟で、それ自体が「逃げ」や「甘え」のように思え、強い抵抗を感じてしまっていたのです。

これはおそらく、私に知識がなく、当事者性を持たないゆえに「自分が精神を病むわけがない」と無根拠に信じていたからでしょう。そして「自分は大丈夫」などといった〝非当事者性〟がいかに恐ろしいものか、私はこのとき初めて知ることになります。

「どうしてそんなに長いこと放っておいてしまったかなぁ」

診察室で向かい合っている私に問いかけるでもなく、医師は少し困った様子で、ぶつぶつとひとりごとのようにつぶやいていました。「それ、患者の目の前で言うんだ」と思いながらも、「ただのうつ病ではなさそうだ、と前の病院で言われたのですが……」と切り出してみると、医師は「うーん、そうですね」と相槌を打ち、こう続けました。

「あなたの場合、おそらく子どもの頃から続いた経験が一番大きい要因だろうと考えられるんだけど。うつ病というよりは、家庭内暴力とか虐待とか、長期的なトラウマ体験からくる『複雑性PTSD』とか『愛着障害』と言ったりもするんだけど、そっちじゃないかなと。多分治療にはかなり時間がかかるし、一生付き合っていくものと思ってもらった方がいいかもしれません」

「現時点では、はっきりとした病名がつくわけではないんですか」

「初診ではちょっと難しいかなぁ。これから通院と投薬治療を続けてもらいますけど、病名というのは、対症療法をくりかえして結果的に『多分こうじゃないか』とは言えても、はじめから断定するのは、治療の範囲を狭めてしまってかえって危険だったりもするんですよ。例えば抑うつ状態や希死念慮があっても、その症状が起きる病気はたくさんあるわけです。うつ病も双極性障害も、PTSDもパーソナリティ障害であっても共通する症状なので、結局は対症療法で、『今のあなたの症状を抑えて、日常生活を送れる方法』を探りながら対処していくしかないと、僕は思います」

言われて「確かにそうだ」と感じたのは、例えば悪性腫瘍であったり胃潰瘍であったり、患部が目に見える病ならまだしも、CTスキャンでも内視鏡検査でも姿形が確認できない疾患については、医師であっても安易に診断名をつけることは難しい、ということでした。

私の場合、原因となる環境に20年以上身を置いていたために状態がかなり悪化していて、治療には長年かかるだろうと予測されること。完治は難しいが、ひとまず症状が和らいだ状態である「寛解」を目指し、症状に応じて抗うつ薬、抗不安薬、睡眠導入剤などの投薬を続けること。

今後の方針を説明されたのち、医師からは「ともかく今のあなたには休養が必要なので、お勤め先に診断書を提出するために、とりあえず考えられる病名を書くことはできますけど、どうしますか」と提案がありました。

自分の性格を考えると、一旦休職してしまうと職場への申し訳なさや気まずさから、復帰後に余計にストレスが増えるであろうことは容易に想像がつきます。「休養が必要だ」と言われても、休職中は月給も少なくなるし、そもそもたった数ヵ月休んだだけで、もう十数年も苦しんできた症状が改善されるだろうか。

数秒の間に考えを整理して、医師には「一旦考えます」とだけ告げて、私はひとまず、服薬しながらこれまでどおり仕事を続けられないかどうかに賭けてみることを選びました。生活もかかっているし、何より家族の支援を受けられず、なんの後ろ盾もない自分にとっては、そうするほかなかったのです。

一生、薬に頼りながら生きていくかもしれないのか。まだ24歳だというのに、どうして自分が？

帰りの電車を待つ駅のホームで、黄色く変色した自分の手を見つめながら自問自答を何度くりかえしても、今日起こったことを飲み込むことはできませんでした。

生きづらさは、なぜ突然現れるのか

これまで疑問だったのは、私の心身の状態が中学、高校くらいの時期から突然、劇的に悪化したことでした。さらに大人になって実家から逃れたにもかかわらず、その症状はどんどん悪くなり、自分自身の異常に危機感を覚えたときにはすでに治療が困難な段階に入ってしまっていたのです。

この謎について調べていくと、非常に興味深いことがわかりました。

小学生の時期、いわゆる「学童期」は医学的に見て、心身の状態が一生のうちでもっとも安定しており、精神分析学では「潜伏期」と呼ばれます。そのため、この学童期には機能不全家族で育ったことによる影響が顕在化しづらく、思春期や青年期になってはじめて心身に現れることがわかっているようなのです。

私のように、成人になってから精神的な問題が表面化した場合、ほとんどの人はその原因を仕事や人間関係など「直近に起こったできごと」に帰結しようとするでしょう。機能不全家族や愛着形成の問題について知識がなければ、まさか子ども時代の環境や経験による影響が長い時を経て、今になって現れるなんて考えにはいたらないためです。

実際に自分の人生を振り返ってみると、幼少期から身体を壊すことはしょっちゅうあったものの、精神的な不調（と、それに伴う心身症）が大きく現れ始めたのは、確かに中学生になった頃からだと記憶しています。

小学校を卒業するくらいまで、私は明るい性格の持ち主で友人も多く、いわゆる社交的なタイプに分類されるような子どもでした。しかし、成長するにつれて笑顔が作れなくなり、次第に人と関わるのを極度に避けるようになったのです。

かつて、幼い頃の私を「天真爛漫な子だった」と言い表した母親ですら「中学生以降、人が変わったようになった」と不思議そうに言っていたくらいですから、おそらく生育環境の影響が私の心身に表出したのが、この時期だったのだと思います。

早期発見の重要性

世界保健機関（WHO）の発表によれば、日本の自殺率は世界でもっとも高い水準にあることがわかっています。これは、長時間労働の常態化はもちろんのこと、精神的な問題を抱えることや金銭的に困窮することが「恥」だというような風潮により、自分が苦しんでいることを打ち明けづらい日本の環境から起因するものだと考えられます。

大人ですらSOSを出せないのですから、どんなに辛くても、子どもが第三者に助けを求めることはさらに難しいものです。そして大人も子どもも関係なく、「自分自身の抱える問題」を自覚すらできないことも、ＳＯＳを出せない大きな原因のひとつではないでしょうか。

私のケースでは、中学生くらいから出現していた「異常のサイン」を見逃し続けたことで、成人してさらに心身の不調が重篤化してしまいました。

今となってはあとの祭りですが、もしも子どもの頃に受けた傷に対して、都度適切なケアを受けることができていれば、おそらくここまで状況が悪くなることはなかっただろうと思います。

こうした不幸をあとの世代に繰り返させないようにするには、周りの大人たちが子どものＳＯＳのサインを見逃さず、早期発見につなげる以外に道はないでしょう。そのためには、子どもが成長過程に受けた傷、育った環境がその後の人生にどれだけ大きく影響するのかが、まずは具体的に、かつ詳細に、世間に広く認知されなくてはならないはずです。

そうでなければ、生きづらさを抱える人々はこれから先も減ることなく増え続け、今以上に複雑で深刻な社会問題となるのは避けられないでしょう。

第4章

生きづらさの根底と向き合う

スキーマ療法との出会い

投薬治療の限界

本書ではここまで、「生きづらさ」には生まれ育った環境が大きく影響していることを紹介してきました。

子どもの頃に受ける傷、例えば虐待やネグレクト、いじめ、大きな挫折体験などを未然に防ぐことや、早急なケアを行うことはもちろん重要ですが、その傷が癒えぬまま思春期を迎えたり、大人になったりした人たちの苦しみには、どういったアプローチができるのでしょうか。

私自身は心療内科にかれこれ7年ほど通院していますが、はじめの約4年間の治療は抗うつ剤、抗不安薬、睡眠薬を中心とした投薬治療のみでした。薬を飲むことで確かに精神状態はいくらかマシになりましたし、ほとんど眠れないほどひどかった不眠症がある程度改善したことで、不安定だった生活状況は大きく変わりました。

しかしこの投薬治療のみの期間、実は心の中で大きな不安と戦っていたのも事実です。薬の服用だけでは、私のなかに深く根付いたトラウマや認知の歪みを治癒することはできなかったのです。

また、薬を飲むのをたった一度忘れただけで、耐え難いほどの希死念慮や手の震え、フラッシュバックに襲われて自分をコントロールできなくなることも、私の不安を強める原因のひとつでした。いつのまにか「薬なしでは生きていけない」と感じるほど、私の生活は「薬」に頼りきりになっていたのです。

自分の中にあるトラウマ体験を忘れることができず、それどころか、毎日のように起こるフラッシュバックや悪夢のせいで、恐怖が増大してゆく。さらに「薬なしでは生きていけない」状態がいつまで続くのかまったく先が見えない状況は、想像を絶するほど苦しいものです。そんな日々を過ごすうち、もう何もかもが嫌になって、とっさに目についたマグカップで自分の頭を血が出るまで殴りつけたこともありました。

誤解のないよう念のために言っておくと、投薬治療自体が悪いというわけでは決してありません。適切な処方に基づく薬を使った治療に効果があることは事実ですし、医師の指示に従って服用していれば、依存の心配もさほどないはずです。

あくまで私の場合は薬の服用だけでの回復が難しかったというだけで、うつ病や適応障害などで苦しんだ経験のある知人のうち多くは、投薬治療のみで症状が落ち着いた状態、いわゆる「寛解」までたどりつくことができています。

私は家庭内で暴力を受け始めたのが幼少期であったこと、さらに成人するまで長期間にわたってそうした環境で生きていたために、随分と生きづらい「ものごとの受け取り方」を身につけてしまったようです。

多くの人々が「なんでもない」と気にかけないようなことでも、私にとっては不安や恐怖、マイナス思考にとらわれてしまう引き金になりかねません。例えば、話している相手がほんの10秒ほど考え込んで沈黙しただけで、私は「相手の機嫌を損ねてしまったのではないか」「どうしよう、見放されてしまうかもしれない」「どうにかしなければ、怒られてしまう」という風にパニックに陥ったり、おびえたり、涙が止まらなくなったりします。

こうしたことが起きるたび精神状態は不安定になり、その影響で体調を崩したりひどい悪夢を見たりするのが数日間、ひどければ数週間続くので、私は「傷つきたくない」一心で人と関わるのを避けるなど、これまでは独自の「防衛手段」を取らざるを得なかったわけです。

認知行動療法とスキーマ療法

そんな自分自身の弱さに疲れ果てた私は、次第に「投薬治療ではカバーできなかった部分」に目を向けるようになりました。能動的に、前向きに新たな治療法を探し始めたというより、どちらかといえば「このままでは自分は生きていくことができない」と、切迫した危機感に駆られていたためです。

投薬治療以外の方法として、一般にも知られるようになってきている心理療法に「認知行動療法」「スキーマ療法」があります。

例えば「自己肯定感が低い」といわれるような状態にある人が「自分には価値がない」「何をやってもうまくいかない」「他人に迷惑をかけてしまう」と考えて暗い気持ちになってしまう場合。おそらくこうした認知は意識的なものではなく、無意識的で、本人にとってもコントロールできないものだと考えられます。簡単に言えば、本人が「そう考えたくて考えているわけではなく、自然に陥る」思考パターンです。

こうした無意識に陥る思考パターンそのものを変える心理療法が、認知行動療法やスキーマ療法といったものです。
国立研究開発法人 国立精神・神経医療研究センター「認知行動療法センター」は、認知行動療法について以下のように説明しています。

認知療法・認知行動療法は、認知に働きかけて気持ちを楽にする精神療法（心理療法）の一種です。認知は、ものの受け取り方や考え方という意味です。ストレスを感じると私たちは悲観的に考えがちになって、問題を解決できないこころの状態に追い込んでいきますが、認知療法では、そうした考え方のバランスを取ってストレスに上手に対応できるこころの状態をつくっていきます。[*5]

このように、余計なストレスを受けないように自分の意識を変えていく認知行動療法は、生きづらさを抱えている人々にとって有効なアプローチのひとつだと言えます。

そして紆余曲折あって（後述します）結果的に私が行き着いたのが、もう一方の「スキーマ療法」と呼ばれるものでした。

「スキーマ療法」とは、アメリカの心理学者であるジェフリー・ヤングが生み出した治療法で、「認知行動療法」を中心にさまざまな心理療法の理論や技法を取り入れた統合的な心理療法です。

先述した認知行動療法との違いを簡潔に述べるならば、認知行動療法は認知のなかでも「浅いレベルの思考」にフォーカスしているのに対し、スキーマ療法は「深いレベルの思考」にアプローチする治療法として効果を発揮します。

では、認知の「浅い」「深い」とは一体どういったものでしょうか。

例えば、先ほど私が「苦手でたまらない」と紹介した「話している相手がいきなり沈黙してしまう」シチュエーションで考えてみましょう。

相手が黙りこくったとき、とっさに「まずい」と考えてその場を取り繕おうとするのは、瞬間的に頭に浮かんだりよぎったりする考えやイメージであり、浅いレベルの、その場限りの認知です。このような浅い認知のことを、「自動思考」といいます。この浅い認知にアプローチする治療法が、認知行動療法だというわけです。

一方、とっさに「まずい」と考えるに至った私の頭の中には、自動思考のもととなる「相

＊5　抜粋：https://www.ncnp.go.jp/cbt/guidance/about

手の機嫌を損ねると嫌われる、見捨てられるのではないか」という、より深い価値観や思考パターンが隠れています。このように、自分や他者に対してすでに頭の中に構築されている継続的な認知のことを、「スキーマ」といいます。

私の場合は、この「スキーマ」こそが生きづらさの原因となっているために、心理カウンセラーからは「認知行動療法」ではなく、スキーマに焦点をあてる「スキーマ療法」を提案されたというわけです。

浅いレベルの認知に焦点をあてる認知行動療法ではもはや太刀打ちができず、より深いレベルの認知(生き方や価値観)の治療が必要だと判断されたのです。

「弱みを話せない」が自分の首を絞める

当時、私は気分の浮き沈みがかなり激しく、「穏やかで幸せな日常を送ることができている」と思う日と「こんなに辛いなら、もうこれ以上生きていたくない」と思う日が、交互にくるような有様でした。

ふいに自分の体や心を傷つけたくなったり、死の誘惑に負けそうになったりするのを何度もくりかえすうち、私は自分が自分をコントロールできなくなることへの強い不安や、自分が少しずつ狂っていくような感覚への恐怖に取り憑かれていったのです。

しかしながら私は当時、自分の不安定な精神状態を人に知られることを極度に恐れていました。今の日本では、精神を病んでいる人のことを「メンヘラ」と揶揄したり、抱えているつらさを人に伝える行為について「不幸自慢」という言葉がしばしば使われたりしているように、精神的な疾患や症状については、まだまだ世間一般の理解が十分に追いついていている、とは言いづらい状況です。

過去、SNSに度々「つらい」と綴っていた友人のことを、共通の知人らが本人がいない場所で嘲笑しているのを見たことがある自分にとっては、他人に弱みを見せることで得られるメリットよりも、デメリットの方がよっぽど大きいように思えたのも事実です。

会社や友人関係など、所属しているコミュニティで一度「面倒臭い人間」「普通から逸脱した人間」だと思われてしまうと、人は自分を避けるようになるかもしれない。そうなれば、自分はただでさえ数少ない居場所を失うかもしれない。そんなリスクを負うくらいなら、自分のつらさなど、誰にも知られず胸の中にしまっておく方がよほど安心だったのです。

さらに私の場合は、自分が今どういった状態にあるのかすらわかっておらず、「誰かにSOSを出す」という発想すらありませんでした。実家から逃れて日常的に暴力を受けることもなくなっていたため「あの頃に比べればずっとマシ」だと考えてしまい、「今は苦しいけれど、時間が経てば楽になっていくはずだ」と信じて疑わなかったのです。

しかし予想に反して、私の抱えている苦痛は時間が経過するごとに膨らみ、気づいたときには仕事はおろか、日常生活にすら支障が出るようになっていました。けれども誰かに訴えかけたところで、痛みや苦しみが取り除かれるわけではありません。何より、子ども時代から最も身近な存在である家族から虐げられていたことで人間を恐れ、信用できなくなっていた自分にとっては、誰かに悩みを吐露することで「弱みに付け込まれるのではないか」といった警戒心も強くありました。

このような複雑な心理状況から、私は自分が問題を解決するために起こす行動すべてが裏目に出てしまうように思え、結果として「現状維持」することしかできなかったのでした。

私の中にあった「不信／虐待スキーマ」

他人を心から信用できないことは、今になって思えば孤立化を進めてしまう致命的な問題でした。これは私の中にあるスキーマのひとつで、スキーマ療法では「不信／虐待スキーマ」と呼ばれます。この「不信／虐待スキーマ」を持つ人の多くは、他者のことを「基本的に自分を攻撃してくる存在である」「自分の大事なものすべてを奪おうとする存在だ」「信じてもひどい目にあわされる」といった風に疑ってかかり、他者に心を開かず、本音を打ち明けることもありません。

そのため誰かと深い関係になることを避ける傾向にあり、コミュニケーションにおいても自分のことを話したり、人間関係を広げようとすることにも消極的です。他人から親切にされても「本当は自分を陥れようとしているのではないか、何か他の意図があるのではないか」と考え、親切心をそのまま受け入れず、むしろその人と距離を取ってしまうのです。

たとえ信頼できそうな（信頼したい）人が現れても、「この人を本当に信用してもいいのだろうか」「実は自分を傷つけようとしているのではないか」と疑心暗鬼になり、相手を試すような行動をとったり、逆に相手を傷つけようとする人も存在するため、人間関係を大きく左右するスキーマとも言えるでしょう。

私が他者に悩みを吐露することをためらい、「弱みに付け込まれるのではないか」というように強く警戒するのは「不信／虐待スキーマ」を持っているためだと考えられます。

幼い頃から家庭内でくりかえし暴力を受けていたうえ、学校でも「女の子の社会」にうまく馴染めなかった私は同級生からたびたび敵意を向けられることがあり、そのたびに、人間に対して不信感を募らせるようになりました。

家ではいつも母親や兄の顔色を窺い、機嫌を損ねないようにどれだけ「良い子」に振舞っていても、ふとしたきっかけで火の粉が降りかかってくる環境は、子どもにとってあまりにも過酷すぎたのだと思います。母は普段とても優しくて過保護な人でしたが、精神的に不安定になったりストレスが溜まっているときは、別人のように恐ろしく豹変する人でもありました。鬼の形相で私のことを怒鳴り、叩き、泣いている私の腕を引っ張って和室に連れて行き「やいと（躾のためにお灸をすること）するよ」と脅す母のことを、今でも夢に見ます。

それに加えて、私は「世渡り」も得意ではありませんでした。男きょうだいしかおらず幼馴染も男の子ばかりだったため、私は小学校を卒業するくらいまで、いつも男の子のグループに混ざってドッジボールをしたり、野球をしたりして遊んでいました。

小学1年生か2年生の頃、数少ない女の子の友達が「今日の放課後、Mちゃんたちと公園で遊ぶから、一緒に遊ばない？」と声をかけてくれたことがありました。Mちゃんのグループはいつも6人ぐらいで行動していて、私に声をかけてくれたKちゃんは、そのグループの子たちと同じ幼稚園出身であることを私に教えてくれました。

Mちゃんたちとはあまり話したことはありませんでしたが、Kちゃんが「大丈夫だよ」と言うので、放課後にランドセルを置くために一度家に帰り、少しドキドキしながら、Kちゃんと一緒に公園に向かいました。

するとMちゃんたちはKちゃんと私が一緒にいることに気付き、互いに耳打ちしあってから、Kちゃんだけに自分たちの元へくるよう促しました。この時点で嫌な予感しかしていませんでしたが、10メートルほど離れたところで急遽開かれた緊急会議に参加しているKちゃんの活躍を祈りつつ、永遠のように長く感じる数分間、ただただ7人の姿を眺めていたのを覚えています。

「吉川さんは、まだ一緒に遊んだことないから。初めて遊ぶ子とは一緒に遊べない、ごめんね」

10メートル先からそう言い放つMちゃんと、気まずそうに視線を落としているKちゃん。「それじゃ二度と遊べないじゃねえか」と思う気持ちを押し殺して、「わかった、またね」とその場を去るとき、私の目には少しだけ涙がにじんでいました。

その後、私は女の子（今思えば男女の問題ではないのですが）に対して苦手意識を持つようになり、自分から話しかけることにますます消極的になっていきます。

さらに私は、弱いものいじめをしている子や自分に嫌がらせをしてきた相手を容赦なくみんなのいる場所で咎めたり、非難する攻撃性をも持ち合わせていました。今になって思えば社会性がなかったのだとわかりますが、当時まだ子どもだった自分は、それが正しいこと、当然のことだと信じて疑わなかったのです。

そうして少しずつ敵を増やしてしまい、私のことを面白く思わない人たちから目をつけられ、さまざまな嫌がらせをされ、そのたびに相手に反抗する。そんな負のループが完成して、私は家庭以外でも、他者に不信感を持つようになっていきました。

他者は基本的に、自分のことを攻撃しようとするものだ。相手を信用しても裏切られるかもしれない。傷つけられるかもしれない。そんな風に、私は誰にも心を開かない子ども時代を過ごし、そのまま大人になってしまったのです。

スキーマ療法にたどり着くまで

私がスキーマ治療にたどり着くまでには、先述しましたが、かなりの紆余曲折がありました。

心療内科に2週間に一度、3〜4年間通院を続けてきた結果、自分の中では、薬での対症療法だけではすでに頭打ちであるように思えました。そして心の底のずっとずっと深い部分に抱えている生きづらさが解消されないことに焦りを感じていた私は、新しい治療法を探し始めたのです。

とはいえ専門知識のない自分にとっては、どんな治療が向いているのか判断が付きづらく、いくら本やインターネットで情報を集めても「それが今、自分に適切な治療方法なのかどうか」を見誤る可能性すらあります。治療方法を間違えれば、お金や時間を無駄にするだけでなく、さらに症状が悪化してしまうことも考えられます。素人知識で自分の病状や治療方法を決めることは、非常に危険が伴うことなのです。

そこで私は、臨床心理士の仕事をしている知人に連絡してみることにしました。ただ、私が抱えている苦しみをどうしても打ち明けられなかったので、知人には自分のことではなく、あくまで「友人が困っているので教えてほしい」ということにして（仕方がなかったとはいえ、本当に悪いことをしたと思っています）。

架空の友人の困りごとを相談してみると、知人は「投薬治療と並行して、カウンセリング治療を検討したほうがいいのではないか」と提案してくれました。幼少期の経験が今の生きづらさに強く影響していること。投薬治療を長期間続けていても、トラウマ体験をくりかえし夢に見たりフラッシュバックを起こしたりして、寝ているときに暴れたり大声で叫んだりするほど悪化してしまっていること。

そうした状況を鑑みて、「おそらくこのまま投薬治療だけを継続しても期待する効果を得ることは難しいと考えられるが、カウンセリングを通して過去の体験をくりかえし人に話すことで、トラウマによる症状をやわらげられる可能性がある」と教えてくれたのです。

確かに知人の言う通り、投薬以外のアプローチとなればカウンセリング療法になるであろうことは何となく予測していたものの、実際にカウンセリングを検討するにあたり、私には不安な点がいくつかありました。

まずひとつめは、先ほども書いたとおり、私は他者に自分のことを話すのがどうしても苦手です。自分の生い立ちを話すことで相手から「かわいそうに」「つらかったんだね」と哀れみの視線を向けられたり同情されたりすると、自分がこのうえなく惨めに思える気がして、とてもそんな気にはなれなかったのです。

ふたつめは、金銭的な問題でした。日本では一般的にカウンセリングは医療保険適用外であるため、治療を受けるとなれば、医療費は全額自己負担となります。2週間に一度の通院と薬代で最低でも毎月1万円以上。ただでさえ医療費が生活を圧迫しているのに、追加でカウンセリング治療ともなると、相当な出費になるだろうと容易に想像がつきます。

実際に、DVや虐待に遭っていた人などのなかで、経済的に余裕がない人がカウンセリング治療を受けられないことを問題視するカウンセラーは少なくないようです。

ところが、「お金に余裕がないので、カウンセリングは難しいかもしれない」と言う私に知人が勧めてくれたのは、心理学部のある大学院でカウンセリングを受けることでした。心理学を研究している大学院では一般向けにカウンセリングルームを開設していることがあり、臨床心理士の資格を有している教授や大学院生が相談に乗ってくれます。多くの場合、カウンセリングにかかる費用は医療機関などに比べて安く抑えられる傾向にあるため、継続して通いやすいことが大きなメリットです。

幸いなことに、私が当時住んでいた地域には、カウンセリングルームのある大学が電車で30分圏内の場所にありました。費用は初回のみ4千円、二回目以降は3千円ほどで、初回は必ず教授が相談に乗り、希望すればそのまま継続して教授がカウンセリングや心理検査を行ってくれるというものです。カウンセリングの頻度は希望に応じて調整が可能だったこともあり、悩んだ末「トラウマ体験を人に話すのは抵抗があるけれど、これくらいの費用なら、ダメ元で月一回くらいで行ってみよう」と決意したのです。

しかし、通院している病院で主治医に「投薬治療だけでは効果が薄いようなので、カウンセリング治療を考えている」と相談してみると、あまりにも意外な一言が返ってきました。

「あ、うちでもカウンセリング受けられますよ、費用は一回あたり2千円です」

「えっ」

「確かに僕も『吉川さんにはカウンセリング治療が合ってるかもしれない』と思っていたんですが、自分の体験を話すのが得意ではなさそうだったので、立場上、こちらから勧めるのもどうかと思いまして……」

それ、もうちょっと早く知りたかったです。喉まで出かかった言葉をぐっとこらえ、こうして次回の診察日から、臨床心理士にカウンセリング治療をしてもらうことにしました。そこで提案されたのが、スキーマ療法だったのです。

カウンセリングを始める

「スキーマ治療を始めた」と言っても、実際にどのような治療が行われているのか、多くの人にとっては想像がしづらいのではないでしょうか。例に漏れず、私も「スキーマ治療って、そもそもカウンセリングって、何をするんだろう」と思っていた一人です。

私が受けた第1回目のカウンセリングでは、心理士から「まず、今回はあなたのことを自由に話してください」と促され、1時間かけてこれまでの経歴、今困っていること、カウンセリングを受けることで、自分がどの程度までの回復を望んでいるかなどを話しました。

心理士の方は、決して私の言葉をさえぎることなく、ときに「うんうん」と相槌を打ち、私の背負ってきた辛さに共感するように、ただただ「聞く」ことに徹してくれているようでした。カウンセリングを受けるまで、誰かに自分の弱みをさらけ出すことに強い抵抗感を持っていた私ですが、意外にも話を聞いてもらっているうちに抵抗感は薄れていき、第1回目の治療を終える頃には「さすがプロだなぁ」と思えるほどになっていました。

私はこれまでの人生で、自分が本心から吐き出した辛さを真正面から受け止めてもらう経験があまりにも乏しかったのでしょう。生まれ育った家庭では実の親でさえ、私を認めてくれることはおろか、ほんの少しでも辛さを吐露しようものなら「私の方が辛い、あんたなんか大したことないくせに」「何泣いてるのよ、泣けば済むと思ってるの⁉」と否定されるばかりで、そのたびに傷つけられてきました。

「何か辛いことがあるなら支えるから、隠さないで話してほしい」と言ってくれていた学生時代の元パートナーには、私の抱える悩みが想定外に重すぎたらしく「優しくしてほしいんなら、俺じゃなくて他の人に話した方がいいよ」と突き放されたこともあります。そういう自分にとっては、ただ「聞いてもらうこと」や「今の自分を否定されないこと」ですらとにかく新鮮で、安心できる心地よい体験でした。

カウンセリングを終えたあと、心理士と話し合って、今後は「スキーマ治療」を行っていくことを決めました。私が今苦しんでいるのは、過去の自分が経験して得た認知によるものであり、その認知さえ変えることができれば、今よりはずっと生きやすくなることが期待できる、と考えられたためです。心理士から「できたらでいいので、この資料を次回までに読んでみてください」と渡された冊子には、全部で18種類のスキーマが書かれてありました。

18種類のスキーマは、大きく①断絶と拒絶（人との関わりが断絶されること）、②自律性と行動の損傷（「できない自分」にしかなれないこと）、③他者への追従（他者を優先し、自分を抑えること）、④過剰警戒と抑制（物事を悲観し、自分や他人を追い詰めること）、⑤制約の欠如（自分勝手になりすぎること）の五つの領域に分けられます（次頁図）。

これらのうち、まずは自分が持っているスキーマを洗い出して、心理士とともに、ひとつずつ見つめ直していく作業をすることになります。また、スキーマ治療を行う際には、必ず「マインドフルネス」を身につけておく必要があります。

マインドフルネスとは、いわゆる瞑想のようなもので、楽な姿勢で椅子に腰掛け、目を閉じて（もしくは薄目）ひたすら「呼吸」に集中し、雑念を取り払う目的で行われています。

元々はヨガや禅などの仏教的な瞑想に由来するものですが、1979年にマサチューセッツ大学医学部の名誉教授であるジョン・カバット・ジンが、臨床的な技法として体系化（マインドフルネス・ストレス低減法）しました。ジョン・カバット・ジンは、マイン

①断絶と拒絶（人との関わりが断絶されること）	1. 見捨てられ／不安定スキーマ 2. 不信／虐待スキーマ 3. 情緒的剥奪スキーマ 4. 欠陥／恥スキーマ 5. 社会的孤立／疎外スキーマ
②自律性と行動の損傷（「できない自分」にしかなれないこと）	6. 依存／無能スキーマ 7. 損害や疾病に対する脆弱性スキーマ 8. 巻き込まれ／未発達の自己スキーマ 9. 失敗スキーマ
③他者への追従（他者を優先し、自分を抑えること）	10. 服従スキーマ 11. 自己犠牲スキーマ 12. 評価と承認の希求スキーマ
④過剰警戒と抑制（物事を悲観し、自分や他人を追い詰めること）	13. 否定／悲観スキーマ 14. 感情抑制スキーマ 15. 厳密な基準／過度の批判スキーマ 16. 罰スキーマ
⑤制約の欠如（自分勝手になりすぎること）	17. 権利要求／尊大スキーマ 18. 自制と自律の欠如スキーマ

図　18種類のスキーマ（ジェフリー・ヤング他『スキーマ療法』金剛出版より）

ドフルネスを簡潔に「今ここでの経験に、評価や判断を加えることなく能動的な注意を向けること」と定義しています。

呼吸に集中することでネガティブな思考から距離を置く練習を積んでいくと、注意のコントロールや、身体への気付きを得られるようになり、否定的な認知が浮かんだとしても、それが事実ではない（さほど重要ではない）ことを認識できるようになっていきます。マインドフルネスは、従来の「ネガティブな認知を修正すること」を試みるものとは違い、ネガティブな思考が浮かんでも、その思考はそのままにしておき、こだわったり抑制しようとするのではなく、呼吸に注意を戻すように教示されるものです。マインドフルネスは今や世界中で注目を集め、抑うつなどに繋がるような苦痛を伴うネガティブ思考からも距離を置くことができるようになると期待されています。[*6]

正直なところ、私は当初、このマインドフルネスに非常に懐疑的でした。物事をなんでも斜めから見るような癖を持つ私にとってマインドフルネスは「要は深呼吸だろうし、そんなことをして何になるんだ」としか思えず、いまいち乗り気になれなかったのです。そ

＊6　参考論文：マインドフルネスにみる情動制御と心理的治療の研究の新しい方向性、杉浦義典。https://www.jstage.jst.go.jp/article/jsre/16/2/16_2_167/_article/-char/ja/

れでも、まずは心理士の「まあ、騙されたと思って、ご自宅でも、ストレスを感じたときや気がついたときにでもやってみてください」という言葉を聞き入れ、毎晩眠る前にマインドフルネスを行うことにしました。

最初に感じた変化は、入眠までの時間が短縮されたことでした。いつも睡眠薬を飲んでから眠るまでに30分ほどかかっていたのが、10分かかるかどうかくらいまで早まったのです。そしてさらに驚いたのは、この試みを数日間つづけたある夜のことでした。

いつも通り悪夢にうなされていたそのとき、私は恐怖から逃れるために、夢の中で「意図的に」思考のコントロールを行ったのです。

私の見る夢は非常に厄介で、例えば夢の中で誰かにナイフで刺されたりすると、実際に痛みを感じます。どうせ殺されるなら、怖い思いや痛さを感じないよう一瞬で死に至らしめてくれればまだいいのですが、私を襲う殺人者は、少しずつじわじわと、指先から体の中心へ向かって切り落とす拷問をするように、絶命まで可能な限り恐怖を与える方法で私を殺そうとします。また、見た目も想像を絶するほど恐ろしく、視界に入らないように目をそらしたいのに、そうすることを許してくれません。もちろん、自分の思うタイミングで目を覚ますこともできません。つまり私は、毎晩毎晩「こんな苦痛が続くなら、死んだ方がマシだ」と思うほどの恐怖や苦痛を味わっているわけです。

しかしその日、私は夢の中で殺される直前で「これは所詮夢で、この夢は私の思考パターン次第で、自由に書き換えることができるのだ」と考えることができました。こんなことは、これまでの人生で一度もありませんでした。夢の中で「楽しいことを考えよう」と強く思った通り、いつもなら恐怖の絶頂に達する寸前で、するすると宙に浮かんで、好きな友達や一緒に暮らしている猫やイグアナがいる平和な世界へと飛んで逃げていくことができたのです。

残念ながら毎回うまくいくわけではありませんが、この体験は私にとって、大きな希望となりました。これからもずっと、一生を終えるまで悪夢に苦しみ続けるのかと絶望していた未来に、少しだけ光が差したような気がしたのです。

「見捨てられ／不安定スキーマ」と向き合う

私に幼い頃からあったのは、18種類のスキーマのなかの「見捨てられ／不安定スキーマ」で、思い出せる限り一番古い記憶では、5〜6歳くらいのときにはすでに「自分は見捨てられるのではないか、母親が突然いなくなってしまうのではないか」という不安と戦っていました。

当時の私は、母親が死んでしまう夢を何度も見ては不安になり、いつも隠れて、一人でしくしく泣いていたのです。私の生まれ育った家庭では、父親が育児不干渉で、私たち子どもにはもちろん、妻である母親にまでほとんど関わろうとしませんでした。また、一歳違いの兄からはいつも執拗にいじめられていたため、幼い私にとっては母親が唯一の肉親のようであり、心の拠り所であったのです。

だからこそ、私は子どもながらに「もしも母親がいなくなってしまったら」の恐怖・不安を強く感じ、大人になって母親の手から離れてからも、他者に愛情を抱くとき、必ず同時に「この人がいなくなってしまったら生きていけない」という苦しみにも苛まれるようになったのでしょう。

私には成人してもなお、特別な信頼を置いている人、特にパートナーから見捨てられたり嫌われたりするのが怖くて仕方がなく、相手の顔色を過剰に窺ったり、一挙手一投足に神経を尖らせてしまうあまり、自分の感情を抑え込んでなおざりにしてしまう癖があります。常にパートナーにとっての「いい子」を演じようとするので、いくら健全でないとわかっていても、自分の正直な気持ちや言いたいことは二の次にして、感情を殺すことで自分を追い込んでしまうのです。対等な関係というよりは、主従関係に近いかもしれません。

しかし、自分の感情に正直に向き合わず、生活や意思表示を相手のペースに合わせることは人間関係を（表面上、一時的に）円滑にするかもしれませんが、徐々に心を蝕んでいきます。それどころか、激しく執着しているはずの相手との関係を、「嫌われてしまうくらいなら」と自ら破壊することさえあります。

ここではその「見捨てられ／不安定スキーマ」に対して、どのような治療を行ったのか、再現してみたいと思います。

スキーマ治療の実際

だいたい2週間に一度のカウンセリングの日には、私の持っているスキーマを、心理士と一緒にひとつずつ治療していきます。

心療内科のカウンセリングルームは4～5畳ほどの広さで、空間のほとんどが机と椅子で埋まっていますが、不思議と圧迫感はなく、机をはさんで正面に座っている心理士との距離が近くも遠くもない、ちょうどいい具合に調整されています。

私が座るのは毎回、扉側にある椅子です。心理士と密室で二人きりの状況ではあるものの、いつでも自分の意思で逃げられる脱出口が近くに用意されていることで心理的な不安が軽減されるよう、注意深く配慮されているのでしょう。

カウンセリング治療に「安全な場所」の確保が必要不可欠であることは、多くの専門家によっても指摘がなされています。誰からも危害を加えられず、落ち着いて話ができる空間であることがわかって初めて、人は自分の傷に向き合うことができるのです。

スキーマ治療をはじめるときには必ず、ここが安全な空間であると認識するために、マインドフルネスを行います。ちなみに私の場合は、事前に心理士から「カウンセリングの日は、何でもいいので吉川さんが落ち着くものを持ってきてください」と言われていたため、マインドフルネスを行う前に必ず、愛用しているルームスプレーを噴射しています。

3分ほどかけて心が落ち着いたら、さっそくスキーマ治療スタートです。

「吉川さんは、どういったときに『見捨てられ不安』を強く感じるでしょうか」

「心から信頼している人、特にパートナーであることが多いですが、相手が不機嫌に見えたり語気が少し荒くなったり、責められたりすると、嫌われたのではないかと思って頭の中がぐちゃぐちゃになって、涙が止まらなくなり、必死に取り繕おうとします」

なるほど、と小さくうなずきながら、心理士は「今、その不安を感じているときの気持ちを、呼び起こすことはできますか？」と私に尋ねました。やってみます、と目を瞑りイメージを頭に浮かべると、胸が締め付けられるように痛み、涙がこぼれ落ちました。

心理士はその様子を確認すると、今度は「次に、その気持ちを保ったまま、記憶を遡ってみましょうか。その不安を強く感じた最も古い記憶を思い出せますか？　何か頭に浮かんだイメージがあれば、教えてください」と促します。

咄嗟に浮かんだのは、真っ白な部屋で泣いている、6歳くらいの私でした。昔、母親と共用で使っていた部屋で、私はひとりで座り込み、泣いていました。それを伝えると、心理士から「では、現在の吉川さんが、当時の吉川さんに『どうしたの？』と話しかけてみましょうか。できそうですか？」と提案がありました。再びやってみます、と答えはするのですが、意外に、これが思ったようにうまくいかないのです。

心理士の言うままに頭の中で、泣いている子ども時代の私に「どうしたの」と、問いかけてみます。不思議と、陽気な声ではなく、ボソボソとくぐもったような、か細い声しか出せません。反応はありませんでした。聞こえてはいるようですが、こちらを警戒しているようで、膝を抱えている腕をより強くしめつけて、肩をガチガチに小さく丸めてしまったのです。

「こちらを警戒しているのか、何も言いません」と伝えると、心理士は「そうですか」と少し考え、再度「では、今度は『お姉さんはあなたの味方だよ。どうして泣いているのか心配しているんだよ』と話しかけてみましょうか」と私に促しました。

そうするとイメージ上の小さな私は、どこかへ走って逃げて行ってしまいました。

彼女が逃げたのは、私自身が今まさに「他者」に対して抱いている警戒心のあらわれだったのかもしれません。「逃げて行っちゃいました、もう構ってほしくないみたいです」という言葉に隠した「これ以上は無駄なので、もうやめてほしい」と訴えかける私の意図を汲んでか、心理士は「ではこうしましょう」とアプローチの方法を変更してくれました。

「大人になった吉川さんではなく、昔の〝優しかった〟お母さんを登場させてみましょうか。お母さんから、子どもの吉川さんに『どうして泣いているの』と聞いてもらいましょう」

心理士の指示通りに想像すると、体育座りで顔を伏せて泣いていた子どもの私は、母親の優しい呼びかけに反応してパッと顔を上げ、わあ、と声をあげて泣き始めました。その様子を伝えると、続けて「お母さんに、小さな吉川さんを抱きしめて『大丈夫だよ』と言ってもらいましょうか」と指示されましたが、正直、そのイメージをするのには、強い抵抗感を抱かずにいられませんでした。

私の母親は果たしてそんなことをしてくれるだろうか、というふうな、母親との不完全な愛着形成や、多少の嫌悪感に似た〝何か〟が邪魔をしている気がして、非常に気持ちが悪かったのです。しかし、嫌悪感をどうにか飲み下し、あえてその〝何か〟を無視して、空想の中で母親に抱きしめてもらってみることにすると、意外なことが起こりました。

「安心して、母親にしがみついて、わんわん泣いています」

そう言いながら、私は自分がたった今、現実でも、ぼろぼろと涙を流していることに驚きました。多分、私は母親からもっと愛してもらいたかったのだと、幼い頃からこれまでずっと持ち続けてきた自分の気持ちを、このとき初めて知ったのです。

私が泣いていることには触れず、心理士から「じゃあ、今度はお母さんから『どこにもいかないよ、ずっと一緒にいるよ』と伝えてもらいましょうか」と提案があり、さらに続けて「お母さんとこのあと、どうやって過ごしたいですか」と聞かれたため、「一緒に、なんでもいいから、明るい内容のお笑い番組かバラエティか何かを観ながら、二人でゆっくりしたい」と答えました。このときにはすでに、先ほど感じていたような嫌悪感は、不思議となくなっていたように思えます。

その様子をイメージして、一度現実に戻ってくるよう言われたので、今自分が「安全な場所」にいることを確認するために、再びマインドフルネスを行いました。

「不信／虐待スキーマ」とも向き合う

「見捨てられ／不安定スキーマ」と関連して私に悪さをしているのは「不信／虐待スキーマ」と呼ばれるものでした。

思い出せる限りでは、私は物心のついた頃にはすでに〝警戒心の塊〟のような人間でした。本来、子どもにとっては安全基地であるはずの家庭で暴力を受け続けていたためか、私はまるで野生動物のように「いつなんどき、誰に危害を加えられるかわからない」というような気持ちで日々を過ごしていました。

私にとって長らく、自分以外の人間とは「自分を攻撃しようとする存在」であり、信頼してしまえばいつか、裏切られて痛い目を見ることは明らかだったのです。

そのような歪んだ認知から、対人関係に問題を抱えることも少なくありませんでした。

人と関わるのが怖いので、中学生になる頃には、誰にも心を開かなくなりました。クラスメイトなどとも自主的に関わろうとせず、話しかけられればその場しのぎで会話はするものの、行動を共にするのは心理的負担が大きく、どんどん人を避けるようになっていきました。おそらく当時の私はやや対人恐怖ぎみであり、会食恐怖もこの頃からひどくなり、人前で食事を摂るのが困難になったのです。

誰とも関わろうとせず、迎合する姿勢も見せない私のことを気に入らない同級生や、学校の先生もいました。協調性がない、と言われることもありましたが、学校の人間関係については個人的にあまり気にしていなかったため、特に彼女らの言うことを聞こうともしませんでした。思い通りにならない私に、はらわたが煮えくり返った同級生や先生から、呼び出しを食らって罵詈雑言を浴びせられることもありました。

私には、自分に対する明確な悪意や敵意を感じ取った途端、相手を容赦なく叩きのめそうとする悪い癖もありました。今思えばきっと防衛本能の一種だとは思うのですが、呼び出しを受けるたびに相手の生徒が泣くまで言葉で追い詰めることが度々あったため、学校側から問題行為だとして指摘されることもしばしばあったと記憶しています。

高校生、大学生くらいになればこのような問題行動も減りましたが、根本的な部分で、他者への不信感や警戒心が薄れることはありませんでした。交際相手にすら自分の本心を言わず、家庭環境が悪いことも、自分が不眠や抑うつ、その他諸々で苦しんでいることを言い出すこともなく、うわべだけの、ただ軽薄な人間関係を構築してしまう自分に嫌悪感を抱かないわけではありませんでしたが、他人に弱みを見せると傷付けられることを学習してしまっていた私にとって、それは「死ぬこと」に匹敵するほど恐ろしいことだったのです。

このように、私の大きな生きづらさとなってしまった「不信／虐待スキーマ」についても「見捨てられ／不安定スキーマ」と同様に心理士と話し、スキーマ療法を進めることになりました。

子どもの頃の自分に声をかける

いつも通り、マインドフルネスを行って気持ちを落ち着かせ、この空間が安全な場所であることを確認して、心の準備をととのえます。

「一番初めに『他者は私を傷つける存在だ』と認識したのは、いつ、どんなときでしたか？

浮かんだイメージだけでも構いません、何か思い当たることがあれば教えてください」

心理士の質問に、私は「4歳くらいのときに、うっかりコップを落としてしまい、飲み物をこぼして母親に頬をぶたれたことです」と答えました。

この経験がトラウマで、大人になった今でも、誰かの前で飲み物をこぼしてしまった瞬間、動悸が激しくなり、冷や汗をかいて慌ててしまいます。何も知らない人からすれば、一体どうして私がそんなに動揺しているのかわからないでしょう。

「そのときの気持ちを思い出すことができますか」

とてもショックだった、飲み物をこぼすとお母さんに叩かれるんだと思った、怖くて仕方なかった、嫌われてしまうのではないか不安だった、もう二度とこぼしてはいけないと思った、と私が思いつくままに説明すると、心理士は次に「では、その気持ちを強く意識しながら、また、子どもの頃の吉川さんを登場させてみましょうか」と提案しました。

「まずは、子どもの吉川さんを安心させてあげるところから始めましょう。なんと声をかけてあげると安心しそうでしょうか」と訊くので、少し考えてから「こぼしてしまったの、でも大丈夫だよ、すぐに拭いてあげるからね」と声をかけてあげたい、と答えました。

「声をかけてあげると、子どもの吉川さんはどんな様子でしょうか」とさらに訊かれたため、イメージを強めると、泣きべそをかいた子どもの私は、少しだけ安堵したように見えました。

私は、誰かに言ってもらいたかった「こぼしてしまってももう、誰も叩かないよ。嫌いにもならないよ。もう安全な場所にいるから、大丈夫だよ」という言葉を、心細そうにしている子ども時代の自分に向けてかけるイメージを思い浮かべました。

私はずっと誰かに、こんな風に安心させてもらいたかったのだと、そのとき初めて気付きました。

スキーマ療法で思い浮かべている子どもの自分は、現在の自分の中にある傷自身であるように思います。子ども時代に受けたトラウマや呪いにがんじがらめにされて苦しんでいる自分を安心させ、解放してあげるために必要な作業をやっているのだと、2回目のスキーマ療法を終えて、私は考えるようになりました。

スキーマ療法との付き合い方

ここに書いたのはあくまで、私が行ったスキーマ療法の一部にすぎません。実際には何度もカウンセリングに通い、心理士の方と現在の自分の体調や状況を共有し、心身に負担がかかりすぎない範囲でスキーマ療法を進めてきました。

スキーマ療法では昔の自分の感情を記憶から手繰り寄せ、トラウマに触れる作業を行うため、想像するよりもずっと、精神力と体力を使います。悪夢やフラッシュバックがひどく、精神的に沈んでいる時期には、カウンセリングが始まる前に心理士に「実はあまり調子が良くない」と伝えて、「それなら今日はスキーマ療法ではなく、吉川さんが話したいことを話しましょうか」と臨機応変に対応してもらったこともあります。焦って無理をして今の状況をさらに悪くするのではなく、あくまで長い目線で、ゆっくり着実に自分の心や特性と向き合うこと。

これは私が、スキーマ療法と出会って意識するようになった重要な気付きであるかもしれません。

第5章

幼少期に受けた傷からの回復

母との絶縁まで

自分を蝕む過去

　子ども時代からこれまでの間に母親や父親、兄から言われた言葉や受けた暴力の記憶は、まるで昨日起こったことのようにすべてが鮮明で、今でも自分を内側からじわじわと蝕んでいます。

「あんたのことはね、作る気なんかなかったよ」

母親にとっては何気なく発した愚痴なのかもしれませんが、子どもの頃の私にとってはショックだったようで、まるで心臓に刺さっている杭のように、触れることすら命取りなものとして長らく放置してきました。

　親から子への、存在の否定。その傷を深掘りしていくことは、自分の存在意義、根本そのものを揺るがすほどに危険なことです。

　おそらく母親に言わせれば「そんなつもりはない、大げさだ」「愛してるのがわからないのか」と激昂しそうなものですが、私の痛みは、私にしかわかりません。母親にとって、いくら私を愛して育てていたという自負があろうと、私の痛みは、私だけのものです。この傷だけは、誰からも、否定されるべきものではないはずなのです。

それほどまでに目をそらし続けてきた傷と、私が真正面から向きあうことになったのは、やはりスキーマ治療がきっかけでした。29歳になって、ようやく自分が「虐待されていた」と認めて、受け止められるようになったのです。

これまで、私は頑なに母親のことをかばうように生きてきました。子どもの頃から母親は私にとって、この世界で唯一と言ってもいい精神のよりどころでした。

そのため「自分が母親からひどいことをされていた」と思うことは、唯一、自分に「本当の愛」を与えてくれる存在そのものの否定であり、そうなれば、私は誰からも存在を承認してもらえず、必要とされない人間であることが決定づけられるようで、絶対に認められないことだったのです。

その点、兄は私とはまったく違いました。兄は子どもの頃、少なくとも中学生にもなる頃にはすでに「母親から虐待されていた」と確信していたようです。

私が兄の心境を知ったのは、彼が家で暴れて、私や母親に暴力を振るい、大声で怒鳴り散らしていたときのことでした。兄はたびたび、母親に向かって「俺はお前に虐待されたから、おかしくなったんや」と喚《わめ》き、「俺の人生どうしてくれるんや」と母を責め立てました。

兄の言う通り、母親はしばしば、兄を激しく殴っていました。兄はもともとかなりの小心者で、未熟児として誕生したためか発育もまわりと比べて遅く、加えて気性がかなり激しい子どもでした。小さい頃は母親に怯えるだけでしたが、成長するにつれて母親に対しての反発は強まり、自分で感情をコントロールできない様子が垣間見られました。

母親を恐れて萎縮してしまった私とは真逆に、兄は母親をわざと挑発し、激怒させようとする癖がありました。母親の目の前で理由なく私を殴ったり、母親に暴言を吐いたり、母親の両親、つまり祖父母への罵詈雑言を口にするなどし、〝わざわざ〟母親の怒りを引き出していたのです。

そのたび母親は激昂し、金切り声を上げながら兄に摑みかかり、馬乗りになって制止したり、そのまま皮のベルトで顔を殴ったりしていましたが、兄が小学校の高学年くらいになると、だんだん体が大きくなり、もはや力では敵わなくなっていきました。

母親はおそらく、このときをずっと恐れていたのだと思います。父親が子育てにまったく参加しなかったためか、母親は半ば強迫観念的に、たびたび私と兄について「私だけでなんとか立派に育てなければ」「私が矯正しないと」と話していました。しかし母親の思いとは裏腹に、皮肉にも私たち兄妹はタイミングの差は大きくあれど、結果として二人とも、狂っていってしまったのです。

共依存だった関係

私と母親は絶縁状態となるまで、共依存と呼ばれる関係でした。

共依存とは、自分と特定の相手がその関係性に過剰に依存して、その人間関係に囚われている嗜癖状態のことで、共依存者は、相手から依存されることに無意識のうちに自己の存在価値を見出し、そして相手をコントロールし、自分の望む行動を取らせることで自身の心の平穏を保とうとします。

劣悪な環境下で、私は母親にとって「運命共同体」のようなものであり、唯一の精神的な支えとしての役割を果たすようになったのでしょう。母親は無意識のうちにか、子どもの頃から私に強く依存し、心理的に支配しようとしていました。

母親は私が外で人間関係を作るのを嫌がり、しばしば外の世界から隔離しようとしていたように思います。私がまだ小学校低学年くらいの頃に、母親から言われた忘れられない一言があります。

「こんないやらしい漫画を読んでるなんてお母さんガッカリだわ。軽蔑する」

当時、同じマンションに住んでいる一つ年上の幼馴染の女の子が「この漫画、お母さんと一緒に読んでるんだけど面白いから読んでみてよ」と言って、その漫画を20冊ほどまとめて貸してくれたことがありました。その子の家庭とは、互いの父親をのぞいてほとんど家族ぐるみの付き合いで、最初に母親同士が仲良くなり、それぞれの子どもが同年代だったことから、互いの家を行き来するような関係になったのです。

その漫画はおそらく成人女性向けでしたが、直接的な性行為などの描写はまったく無く、あっても2人で同じベッドで寝転んで話している様子か、キスシーンくらいのものです。せっかく貸してもらったものの、まだ幼かった私にとってはあまり興味の持てる内容ではなかったため、1冊だけ読んで、残りは紙袋から出さずにいました。

そんなとき、突然仁王立ちをした母親から「あんたこの漫画、何?」と聞かれ、いやらしいと罵倒され、「そんな風に育てた覚えはない、ショックだ」とまで言われたのです。母親は、女の子が「読んでほしい」と私に漫画を貸してくれたときに隣で微笑んでいて、私が自分から「貸してほしい」とねだって借りてきたわけではないことを知っていたはずでした。

だからこそ、余計にこのできごとが深い傷となっているのかもしれません。

母親は、私が母親の目の届かないところで交友関係を築くのをとにかく嫌いました。中学生くらいになって以降、大学生になっても、母親の知らない友達が増えると、母親は私が外出するのを嫌がり、それに対して苦言を呈すと「自分の子どもがどんな子と会ってるのかわからないから、不安になるのは当然だ。どうしても遊びたいなら、私に会わせろ」としつこく言いました。

母親は、私が異性と関わることに対して、特に拒否反応を示していました。おそらく、年頃になった私が異性と仲良くなることで、心の拠り所としている娘が自分の元を去って行ってしまうのが怖かったのだと思います。

娘を唯一の拠り所とするがゆえに

大学生の頃、40度の高熱が出て、帰宅と同時に玄関で倒れたことがありました。なんとか声を絞り出して、母親に「お願い、水と体温計を持ってきてほしい」と伝えると、母親は鬼の形相で「なによ、なんの当てつけなのよ！　あんたが外をほっつき歩いてるから悪いんでしょ！」と私を怒鳴りつけました。

母親は昔から、私が「しんどい」と言ったり、弱音を吐いたり、体調が悪そうにしているのを見ると、私を攻撃せずにはいられない様子でした。これはおそらく、母親が「一番つらいのは自分である」という思考を強く持っていて、そこから得られる「自分は誰よりもつらいのに頑張っている」という肯定感こそが彼女を支える一本の柱のように機能していたためだと考えられます。実際、私の目から見ても母親は本当に頑張っていたと思います。父親が仕事を辞めたり兄が暴れて金を脅し取ったりするおかげで家の貯金が底をついても、母親は必死に家計をやりくりしようと努力していました。だからこそ、自分以外の誰かがつらそうにしているのを見ると、「私ほど家族に尽くしてもいないし、苦労もしていないくせに」と自分の苦痛を否定されているように感じたり、なおざりにされているような気持ちになるのかもしれません。

私が扁桃周囲膿瘍という、扁桃腺のなかで細菌感染が起こり膿が溜まる病気にかかったことがありました。扁桃腺が気道を塞ぐほど大きく腫れ、あまりの激痛で食事はおろか水や唾液すら飲み込めず、口が開けないため声が出せない状態にまで悪化してしまったのです。

そのとき、別の部屋にいた母親に「喉が腫れて、痛くて声が全く出せない。病院に行ってくる」とメールを送ると、母親は私がいる部屋にドタドタと飛んできて、「また当てつけ⁉ 同じ家にいるのにメールを送ってくるなんて信じられない、本当は大したことないくせに」と私を罵ったのです。そんな母親に構っていられるほどの余裕がなかった私は、悔しさや悲しさから涙を浮かべながら一人で病院へと体を引きずって行き、医師は私の喉を診た瞬間に「これはすぐに入院です。手術が必要でしょうね」と総合病院の紹介状を書いてくれました。

そもそも母親に頼る気がなかった私は「入院になったので数日、家を空ける。あとで荷物を取りに一度帰る」とメールを送り、無駄な出費（医療費）がかかることを極度に嫌う母親からの攻撃を未然に防ぐために、入院などにかかる費用は奨学金の振り込まれる口座から捻出するので家計に迷惑をかけない旨を伝え、一人で入院手続きを進めました。するとこのときばかりはばつが悪かったのか、母親は気まずそうに「できることがあれば言ってね」と声をかけてくれたり、着替えを持ってきてくれたりしました。

私が母親を嫌いになれなかったのは、こうした気まぐれな優しさの積み重ねと、自分が幼いときに母親が向けてくれた笑顔が忘れられなかったこと、そしてくりかえし傷つけられたことで歪んでしまった愛着関係に、母親から与えられるはずだった母性に、大人になってなお執着し、補完しようとしていたからかもしれません。

母親は本当は優しい人だ、そして自分を愛してくれている。ただ、精神的に疲れて余裕がないだけなのだ。

そう信じることだけを精神的な支えとして、私はこれまでの人生を送ってきたのだと思います。

そして母親は母親で、娘である私を唯一の心の拠り所としていて、まるで自分の分身であるかのように、家庭の中で受ける苦痛やストレス、悲しみ、絶望を共有することを私に強く望んでいたのです。だからこそ、いつも私の行動すべてを把握して、少しでも自分から遠ざかるような気配を察知しようものなら、私や私の周りの人間を全否定することで、自分の元にとどめておくよう手綱をきつく握っていたのでしょう。

虐待されていたと気付いてから

「私がされていたことは、虐待だったんでしょうか」

この質問を心理士にできるようになるまで、カウンセリング治療を始めて約1年かかりました。いつも通り1時間のスキーマ治療を終え、荷物をまとめて部屋から出る寸前、一瞬ためらいながら、ようやく口から吐き出した言葉です。

この発言をする直前、私は心理士に対して、慎重に、そしてあらたまって、あるお願いをしました。

「私がこれからする質問に、どんな答えが返ってきても、受け入れるだけの覚悟をしてきました。第三者の目から、プロの目から見て、本当のことを、正直に教えてほしいです。私が前に進むために」

自分が受けてきた傷に対して無自覚な患者に、心理士が突然「あなたは虐待をされていました、目を覚ましてください」と告げることが、どれだけ暴力性を伴うものであるか、私にはよくわかっていました。もし、心理士との間に信頼関係が構築される前に、自分が信じて疑わない人間（私の場合は母親）の、自分に対する行いを否定されたりすれば、私は深く傷つき、心理士に強い敵意を向け、関係はそこで破綻していたでしょう。精神のバランスを大きく崩し、最悪の場合、自死の危険性すらあったかもしれません。

だからこそ私はこれまで「自分は母親からひどいことをされていたのかもしれない」と

認められないままで、薄々そうであることに気付いてはいたものの、目をそらし続けてきたのです。

心理士は私の質問に少し驚いた様子でしたが、じっと目を見て、はっきりとした口調で「100%、虐待だと思います」と答えました。彼は加えて、彼がこれまでたくさんの患者と治療を通して接してきたこと、そして虐待を受けた過去を持つ人のなかには、私と同じように過剰に親を庇ったり、虐待があったことを認められない人が決して少なくないこと、そしてそれは何もおかしいことではなく、自然な反応であることを教えてくれました。

そのとき、これまで20数年にわたって自分にのしかかっていたものが、すっと消えていった感覚がしました。

誰にかはわからないけれど、「これからは自分の人生を生きていい」と言ってもらえたような気がして、ようやく呪縛から逃れられるような気がして私が安堵の涙を流すのを、心理士は「よく耐えてここまで生きてきましたね」と言いながら、ねぎらってくれました。

この日以降、改めて「自分の人生を生きること」を考えてみると、これまで色彩のなかった人生が突然、彩りを帯びはじめたようで、私は戸惑いを覚えつつも、いまだかつてない解放感に喜びを感じました。

自分が受けてきた傷に気付けない人々

私が初めて「もしかして自分は虐待を受けていたのではないか」と頻繁に考えるようになったのは、母親を含む家族との連絡を一切遮断する3ヵ月ほど前、カウンセリングを受け始めて半年が経った頃のことでした。

母親は不機嫌になるとすぐに私を叩いたり、物を投げつけていたこと。殴られて泣いている幼い私を引きずって「やいと」のある部屋に行き、たびたび「火をつけて火傷させてやる」と脅して怒鳴ったこと。兄からの度重なる暴力に耐えきれず、泣きながら「逃げさせてほしい」と懇願する私のことを「あんたの苦しみなんて大したことないくせに」と全否定し、くりかえし言葉で傷つけたこと。

そして父親は、そんな私たちの状況を知っていながら何もせず、放置し続けていたこと。

これらが世間一般的に「虐待」や「ネグレクト」と呼ばれるものだと、私は夢にも思っていなかったのです。虐待というのは、ニュースで報じられているようにもっと凄惨で、食べ物を一切与えられず飢え死にさせたり、熱湯をかけられたり、死に至るまで殴り続けるようなものであって、自分が受けているのは虐待とは言わないのだと、ずっと思い続けてきました。

私のように、自分が虐待されていたことを成人してから知る人は、決して少なくないようです。心理士は私に、無意識に心の中で親をかばっていたり、頭のどこかで気が付いていても自分が傷つかないために見て見ぬ振りをし続けていたり、事情はさまざまですが、自殺未遂をくりかえすほど苦しんでいても、30代や40代、50代になっても自分が受けてきた傷に気が付けないまま生きている人々が多く存在していることを教えてくれました。そして彼は、そのような人たちが何かのきっかけで治療を受けられるようになっても、早期（子どもの頃や思春期）に治療を受け始めた人と比べるとどうしても時間がかかってしまうのだと、早期治療の重要さについても言及しました。

30歳目前までカウンセリング治療を受けず、虐待されていたことを頑なに認められなかった私にとって、その心理士の言うことは非常に信憑性がある話でした。「もしもあのとき治療を受けていなかったら」「もしも母親との共依存が続いていたら」と想像すると、自分はきっともう、この世に存在していなかったでしょう。

「優しかった母親」への未練

私が実家から逃げてもなお、家族との縁を切れずにいた一番大きな要因はやはり、母親の存在でした。私を実家に連れ戻そうとする母親をいなしながらも関係性を絶てずにいた原因は、母親を不憫に思っていた他に、私の記憶の奥底に刻まれている「優しかった母親」への未練や執着だったように思います。

小学生の頃、私に嫌がらせをしていた女の子たちが家の前まで来たことがありました。彼女たちからインターホンで外に出てくるよう呼び出されたとき、私の顔色から事情を察した母親は玄関から飛び出し、私ではなく母親が出てきたことで驚いた顔をしている女の子たちに「二度とうちの子に関わらないで」と叱り、追い払ってくれたのです。

また、中学生の頃、私を「いじめの主犯格」だと誤解した教師から誰もいない教室に呼び出され、いじめ行為を否定する私に認めさせるために、机や椅子を蹴飛ばし、怒鳴りつけられたことがありました。事の発端は、クラスメイトの女の子が、足を怪我して引きずりながら歩いている私を「冗談交じり」に突き飛ばし、それに対して私が抗議したことで

「プライドを傷つけられた」と逆恨みした彼女が、私を陥れるために、生活相談役の教師に嘘の申告をしたことでした。彼女は自分の両親にも同様の訴えをしたらしく、両親からクレームが入ったことで焦った学校側が、事態を丸く収めるために私の話などろくに聞くこともせず、恫喝して「いじめをやった」と認めさせようとしたわけです。

この事件では、私の弁解を聞こうとしたり、あるいは擁護しようとする良心のある大人は、誰もいませんでした。私を恫喝し、人格否定までした生活相談役の教師も、恫喝された直後に一人残された教室に「俺は吉川の味方だよ」と言いにくるだけで何もしてくれなかった当時の担任教師も、自分の保身だけを考えて行動しているのが、子ども目線からも明らかでした。

学校から帰宅し、制服姿のままショックで泣いている私の様子を見た母親は、私から事情を聞き出すと、すぐに学校へ抗議の電話を入れました。生活相談役の教師が不在だったため担任教師と話していた母親は、私の言い分と担任教師の言い分がまるきり違うことに気が付き、一度電話を保留にして、事実を再度確認するために、私に向かってこう聞きました。

「担任の先生が『今日は出張で学校にいなかったから、自分は今の今まで何も知らなかった』と言っているけど、どっちが本当なの？」

担任の教師は、とても卑怯な男でした。彼はその日、出張になんて行っていなかったし、机や椅子を蹴り飛ばしながら「自分がいじめの主犯格だと認めろ」と私を脅していた生活相談の教師がいなくなった途端、教室に入ってきて「俺は吉川の味方だから」と言いながら、あまりの理不尽さに涙を流す私の体をベタベタと触ったにもかかわらず、大胆にも「自分は学校にいなかった」と言ったのです。母親からの「あなたは担任の教師なのに、なぜうちの子の話も聞かず、生活相談役の先生に抗議をすることもせず、私に連絡を寄越すこともしなかったのか？」という糾弾に、嘘の供述をしたのです。

大人、しかも教師であっても自分の保身のためなら、子どもを犠牲にしてでも平気で嘘をついたり、暴力で黙らせようとする。私が他人をまるっきり信用しなくなったのは、この経験以降かもしれません。

受話器を片手にこちらを見つめる母親に「その男は嘘を言っている」と告げたとき、母親は私の目をじっと見て「本当やね？　あんたを信じるけど、それでいいんやね？」と念入りに聞きました。私が頷くと、母親は通話を再開し、さらに語気を強めて担任教師の嘘を追及しはじめました。

すると言い逃れできなくなったのか、担任教師は電話越しにまるで子どものように泣き始め、母親に「すみません」と謝ったのだといいます。電話を切ったあと、母親は「あんた、明日学校休みなさい。朝学校に電話して子どもが『昨日のショックで登校できない』と言ってる、ってアタシが学年主任の先生に説明しておくから」と私に言いました。

母親は気がとても強く、喧嘩の仕方をよく知っている人でした。母親の算段どおりこの件に関して、学校側や相手側がそれ以上、私に何かを言ってくることはなくなり、私が他者に対して強い不信感を抱くようになった以外は、元どおりの学校生活を送ることができたのです。

母親は娘である私が家の外で傷つけられることには過敏で、とことん攻撃的になれる人なのだと思います。誰にどう言われようと、不安定なバランスの上に築かれた関係性だとしても、そんな母親の存在が、子ども時代の私にとって救いになっていたのは間違いありません。

母親との絶縁まで

大学を卒業して就職と同時に、兵庫にある実家から逃げるように東京へ飛び出してから、母親からは毎日のように連絡がありました。黙って東京の会社へ就職を決めた私に、母親は引越し当日まで、延々と恨み節を吐いていました。

連絡の内容はやはり「帰って来てほしい」というものばかりで、いつも、兄が借金を作ったり父親が気まぐれに会社を辞めたりするせいで「金に困っている」という連絡と愚痴から始まり、最後には「死にたい」と言いながら電話越しに泣くのがいつものパターンでした。

私が今も悩まされている複雑性ＰＴＳＤの症状が初めて出たのは、おそらく高校3年生の夏のことです。実家で受験勉強をしていると兄に殴られたり教科書を破かれたりするので、「夏休みの間だけなら」と実家に近い母方の祖母の家に避難をさせてもらったときのことでした。

その時点で既に不眠症には何年も悩まされていましたが、夜に電気を消して布団に入ると必ず、脳内に兄の怒鳴り声が響き、暴行を受けていた記憶が鮮明に蘇るようになったのです。「フラッシュバック」という現象の存在を知らなかった私は、兄に殴る蹴るされていたあの環境へ再び放り出されたような感覚に強い恐怖と不安を覚え、毎晩毎晩、発作のように嗚咽するのをくりかえしました。

眠りにつくのはいつも泣き疲れた明け方で、食事もろくに摂れなくなった私はガリガリに痩せこけて、栄養失調からか全身にできたひどい湿疹に悩まされたのです。

それから5年ほど経ち、先述したブラック企業に就職して一人暮らしを始めた私は、再びこの激しい「フラッシュバック」に襲われるようになりました。ようやく身の危険がない安全な場所を手に入れたはずなのに、ここまで逃げればあとは楽になれると思ったのに、なぜだか日に日に強まる虚無感、絶望感からくる希死念慮に、私は「こんなはずじゃなかった」と大きく肩を落としました。

ただ普通に生きたいだけなのに、人より幸せになりたいと思っているわけでもないのに、自分にはそれすら許されていないのだろうか。そう思うと、未来にほんのわずかな希望を持っても、どうせすべて打ち砕かれるのだろうといった絶望感だけが頭の中にじわじわと広がり、生きる気力を削がれていきました。

このような状態が、複雑性ＰＴＳＤの典型的な症状だと知りもしなかった当時は、生きることに希望を持てず、かといって死ぬきっかけもなく、ただただ一人暮らしのアパートと会社を往復するだけの日々が続きました。

うつ病のことを打ち明ける

そんな状況下で、夜になると母親から電話がかかってきて、電話越しに泣かれたり延々と愚痴をこぼされることで精神はますますすり減っていき、次第に母親と連絡を取るのがつらいと感じるようになったのです。

翌年、大阪の会社に転職したあとも一人暮らしを続けた私を、またしても母親は非難しました。そして頻繁に実家に帰るよう要求し、それができないなら実家に連れ戻す、と言うため、仕方なく2ヵ月に一度くらいは顔を出すものの、母は私に会うたび毎度「うちに帰って来い」としつこく詰め寄るので、次第に実家へ帰るのもつらくて仕方がなくなりました。

すると母親の私に対する過剰な執着もより強まったため、実家へ帰ったタイミングで母親に、これまで隠していた精神科への受診歴、そこで「重度のうつ」だと言われたこと、実家に帰ると病状が悪化し、自死の可能性すらあることを初めて打ち明けたのです。

正直、病気のことは母親には絶対に知られたくありませんでした。それでも、自分が今どのような状態にあるのかを知ってもらえなければ、母親は今後も強引に私を連れ戻そうとするでしょう。母親にうつを打ち明けたのは自分にとって、いろいろなことを天秤にかけた、苦渋の決断だったのです。

うつ病のことを打ち明けたとき、私はその場で泣き出してしまいそうになりましたが、母親に泣いているところを見られたくなかったため、母親の反応を見る前に「じゃあ帰るから」と荷物をまとめ、実家から逃げるように帰路につきました。

放心状態で揺られていた帰りの電車で、メールの着信がありました。母親からでした。内容も見ていないのにとっさに全身がこわばったのを感じ、「このメールを見てはいけない気がする」と、強い拒否反応のようなものが私を襲いました。

それでも、私はどこかでまだ母親のことを信じていました。もしかすると、これまでの私の苦しみを理解してくれたかもしれない。うつ病と診断された私を心配して、「これまでごめんね」と、私のことを受け入れてくれるかもしれない。

そんなかすかな希望を持ってしまったことが、そもそもの間違いだったのかもしれません。おそるおそるメールを開いてみると、そこには予想外の言葉が並んでいました。

「重度のうつ病は感情がなくなって、悲しいとか苦しいとかもわからない。それに、自分のことを客観的に見れない。その医者はヤブやで。うつ病は抗うつ剤を飲まなければ進行して精神病になるはずやし。何年か前に病院に行ったのは知ってた。原因もなんとなく想像できた。でも、薬を飲んでなかったから言うまで知らないふりしてた。薬を飲んだらヤバイと思えるなら心配ないよ。気の持ちようだって。私にはあんたが支えやから、あんたはそんな病気にならないと思ってる。ネットで調べて素人判断したらあかんよ」

私が薬を飲まなかったのは、通院するだけのお金がなかったからです。母親に心配をかけまいと、通院を相談することもできませんでした。そしてなにより、こうして自分の傷を否定されることが恐ろしくて、ずっと言い出せなかったのです。

メールを読んでいる途中、電車の中だったにもかかわらず、私は嗚咽をおさえきれずに、肩を震わせ、ボタボタと涙が落ちるのを止められませんでした。

もう、死んでしまおう。そう思い立った私は次の駅で下車し、しゃがみこんでは立ち上がり、各駅停車の電車ではなく、急行電車が走るホームまでふらふらと向かいました。早くこの苦しみから解放されたい。それ以外に何も考えられず、ただ声をしゃくりあげながらぼろぼろ泣いて歩く私を今、周りの人たちがどう見ているかなんて少しも気になりませんでした。

目的のホームまでたどり着き、再びその場にしゃがみこんで、ひたすら声を上げて泣きました。20数年生きてきて、暴力に耐えて耐えて耐えた先に、こんな死に方をするなんて、いくらなんでも報われなさすぎるんじゃないか。私は今日、ここでこんな風に死ぬために生まれてきたんだろうか。死にたくない。死にたくない。でも消えてしまいたい。次の電車が来たら。次の電車で必ず終わらせないと。

そう考えていたとき、手のひらのなかでスマートフォンが振動しました。目をやると、当時一緒に住んでいたパートナーの名前が表示されていて、私の帰りが遅いことを心配して連絡をくれたようでした。

恐ろしいことに、母親からのメールにショックを受け、パニック状態に陥っていた私は、死ぬことは考えられたのに、「自分が死んだら残されたパートナーはどうなるか」をまったく想像できていなかったのです。

駅のホームで、助けを求めるように電話をかけました。実家で何かがあったことを察したパートナーはすぐに「迎えに行くから待っててね」と声をかけてくれ、私を家まで連れて帰り、泣き止むまで「大丈夫、大丈夫」と抱きしめ続けてくれました。

家族との連絡を一切絶つ

この件があってから、私は母親に会うたび、体調を大きく崩すようになっていきました。母親は相変わらず私の苦しみを理解しようとはせず、会うたびに痩せ細っていく私に「あんたになんのストレスがあるのよ」と嘲笑したり「仕事がつらいならやめて戻って来ればら?」と言うばかりで、うつ病を告白したことはまったくなかったことにされてしまったようでした。

それればかりか、私がショックだったのは、同じ中学校出身で兄の同級生だった男性が、うつ病で自死したことを母親から聞かされたことでした。

「ねえ、○○君って覚えてる? ほら、あんたの一つ上の学年の。あの子、うつ病で自殺しちゃったんだって。かわいそうにねぇ、まだ若いのに。本当にかわいそうにね」

母親がどんな気持ちで、私にこの話をしたのかはわかりません。おそらく、何も考えていなかったのだろうとも思います。しかし、自分の娘のうつ病は信じられないのに、他人の家の子ども（もう成人はしているものの）がうつ病になり、自死したことはやすやすと受け入れ、目に涙を浮かべて同情することができる母親の都合の良さや無神経さというか、残酷なまでの無邪気さに触れて、私は母親に対してこれまでにないほど不信感を募らせるようになりました。

母親は、私が死んだらようやく私の苦しみに気がついてくれるのだろうか。

そんな考えが頭をよぎりましたが、そんな「承認」のために死ぬなんて、意味がないことです。母親に会ったあとは毎回、少なくとも2週間はまともな生活が送れない状態が続き、情緒不安定で突然泣き出したり、ベッドから起き上がれなくなり、食事も摂れず、悪夢を見て叫んだり暴れたりしながら起きる日々を過ごしました。

あまりにも精神的負荷が大きいので母親と会うのを避けるようになると、今度は電話がかかってきたりメールが届くだけでもパニック発作を起こすようになってしまい、衝動的に自殺しようとするので、とうとう29歳の頃、担当医とカウンセラーからの指示で、母親や家族との連絡を一切絶つまでに至ったのです。

これが、私が家族と絶縁するまでの経緯です。

絶縁への長い長い葛藤

こうして文章に起こしてみると、家族と絶縁することを何の抵抗もなく受け入れているようにも思えますが、それは大きな間違いです。どれだけひどいことをされてきたとしても、家族になんの思い入れがないわけでも、あっさりと「絶縁しよう」と思えるわけでもありません。

実家から足が遠のき始めた頃、それまで続いていた「実家に戻れ」という母親からの執拗な連絡に加えて、母方の祖母もまた、私を頻繁に責めるようになりました。

連絡を寄越すたび、電話口で「あんた達の親子関係はおかしい」「お母さんが可哀想だと思わないのか」と難色を示す祖母は、きっと自分の娘が可愛いがために、孫である私の心情にまで想像が及ばなかったのだと思います。

祖母は、私が子どもの頃からずっと母親や兄による暴力を受けてきたことも、父が子育てに無関心で一切家庭に関与しなかったことも、私が苦しみながら生きてきたことも知っていたはずなのです。

高校3年生の夏休みだったか、祖母が仕事で家を出る前に、祖母の家に泊まって受験勉強をしていた私宛に手紙を書き置きしてくれたことがありました。当時、私は毎日毎日フラッシュバックの地獄に襲われ、日に日に病的に痩せていく最中にありました。私が毎晩、祖母の部屋に届かないように声を押し殺して泣いていたことも、祖母が病院でもらっている睡眠薬をこっそり飲んでいたことも、祖母は気付いていたのでしょう。

手紙には「もう少しの辛抱だからね。◎◎（兄の名前）が暴れるのも、ずっとじゃないよ。大人になったらきっとなくなるからがんばろうね。お母さんを支えてあげてね」と書かれてありました。祖母は、私が小学生の頃は「あの子が中学生になったら暴力はなくなるからね」と言い、私が中学生のときには「あの子が高校生になったらきっとマシになるから」と言い聞かせてくれていたのです。

しかしその期待はいつも裏切られるばかりで、中学生になっても高校生になっても兄の暴力はマシになるどころか、どんどん激化する一途を辿りました。私は次第に未来に希望を持てなくなり、自分が幸せに生きている未来など微塵も想像できず、このまま暴力を受け続け、惨めに死んで行くことしか頭に浮かばなくなるばかりでした。

祖母はきっと、心の底からの善意で私に声をかけてくれていたのでしょう。それでも私にとっては「どうせ楽になれるわけがないのに」という気持ち以外湧かず、だんだん祖母の言葉を受け入れられなくなっていきました。

母に会うたび、電話がかかってくるたびに状態が激しく悪化するのを恐れた私が、母からの連絡をあまり返さなくなった頃だったと思います。母は次第に私に連絡をしづらくなったのでしょう、祖母にそのことを伝えたのか、今度は祖母から頻繁に連絡が入るようになりました。

「どうして実家に帰らないのか」「なぜ連絡を返してやらないのか」「お前の母親はあんなにがんばっているのに」「かわいそうだと思わないのか」。祖母にはそんなつもりがないことがわかっていても、祖母の言葉のひとつひとつが鋭利な刃物のように確かに私を刺し、肉を切り刻み、バラバラにしていくのです。そんな苦痛を味わいながらも、私はまた「祖母の優しかった記憶」に囚われて、祖母からの連絡を無視することができないでいました。

もしかすると、一般的にはこれを「愛」だと呼ぶのかもしれません。だとすれば私は母のことも祖母のことも、愛していたし愛されていたかったのです。これまでのすべてをなかったことにするなんて、簡単にはできません。私が彼女たちを愛している記憶をすべて忘れられたら、どれだけ楽だったかわかりません。そうすれば私は、罪悪感に押しつぶされて自分を追い詰めることも、殺そうとすることもなかったはずなのです。

しかし、祖母が電話口でなんの気なく放ったであろう「過去のことなんだからいつまでも根に持たないで、水に流せ」という言葉を聞いた途端、私のなかで長らく張り詰めていた糸がプツン、と切れたような感覚に陥りました。気が付けば私は涙を流しながら声を荒げ、祖母に対して初めて怒りの感情を露わにしていたのです。

「何も知らないくせに勝手なことばかり言わないでよ。あんな環境で、私はずっと死にたかったよ。毎晩毎晩、殴られる夢を見る。忘れられたらどれだけ楽だろうって思うよ。私がどれだけしんどかったか、一度でも考えたことある？　もうこれ以上、私の痛みまで否定しないでよ」

普段感情を表に出すことがない私が激昂したことに、祖母は狼狽している様子でした。「死にたいって……何でぇ」と言う声はか弱く、まるで祖母の体が年齢相応以上に衰え、彼女特有の飄々とした強さも失われて、めっきり「老婆らしく」なったように思えました。

「水に流せ」という言葉の暴力

祖母が言った「過去を水に流すこと」は、私がすでに何度も何度も試行し、失敗し、それでも囚われ続けてきた呪縛のようなものでした。もしもこれまでのことをなかったことにできるのであれば、自分自身が今よりずっと楽になれることを、私は誰よりも理解しているつもりです。生まれてこのかた、苦しみに耐えかねて心の底から何度「家族を許したい」と願ったかわかりません。しかしどれだけ希求してもとうとう、叶わなかったことなのです。

そうした葛藤や苦しみすら無視されて、しかも自分がどんな目に遭ってきたかを近くで見てきた祖母から簡単に「水に流せ」と言われることの暴力性は、あまりに凄まじいものでした。

暴力を与えていた側がとうにその事実を忘れていて、あるいは覚えていても認めようとはしないけれども「今、相手との間に感じている後ろめたさや気まずさだけは取り除きたい」と願えば誰かがお膳立てをしてくれるわけですから、羨ましい限りです。結局暴力を受けていた側はまた「お前が忘れないのが悪いのだ」と言われ、今でも自分が抱えている傷や痛み、苦しみすら否定され、再びほしいままにされなくてはならないのでしょうか。そうであれば、私たちに人権など与えられていないのと同じではないでしょうか。

もう何年も何年も、自分が過去と向き合うことに強い拒絶感や恐怖を感じ、逃げ惑い、耐え難い痛みを乗り越えた先にようやく「自分がされていたことは虐待である」と認めたうえで次のステップに進もうとしているところへ、その過程を全て無視して肉親から「相手を許せ、根に持つな」と責められることがどれだけ辛いことか、経験をしていない人には伝わらないものかもしれません。

この時点で私たちはようやく、大人になって自分がされてきた「事実を理解」できるようになったばかりで、それを受け入れることすら難しく、もがき苦しんでいる段階であることは、あまり世間には知られていないのです。

30歳になっても続いている苦しみ

前述したように「自分が虐待を受けていた」と知ることができたからといって、今自分が抱えている問題が急になくなったり、解決するわけではありません。

私は今でも毎晩のように悪夢を見ては飛び起きているし、不定愁訴（「体がだるい」「頭が痛い」「眠れない」といった体調不良が確かにあるのに、症状がある部位を検査をしても体に異常が見られない状態のこと）に長年悩まされ、日常生活に支障をきたしているのは変わりません。

マインドフルネスを行う習慣がついて、思考パターンをある程度コントロールできるようになったとはいえ、悪夢を常にコントロールし、内容を書き換えられるようになったわけではありません。夢の内容はだいたいが兄に暴行されているときのことか、母親や兄に対して怒りをあらわにし、思いつくかぎりの汚い罵声の数々を浴びせている自分の姿か、自分を殺そうとしている誰かに追われたり、家に侵入されたりする夢です。

恐怖のあまり「やめて」「助けて」と叫んだ自分の声で起きることも、抵抗したり相手に反撃しようとして腕や足を振り回して起きることも日常茶飯事でした。暴れるまでいかなくとも、寝ている間も私の体はいつも強張って緊張しているらしく、私の筋肉があまりにも凝り固まっているゆえに、整骨院をはしごしてもほとんどが「お手上げ」状態で、「ストレスの根本を取り除いてもらうしかない」と言われる始末です。

精神科では眠る前に飲む薬だけでも、睡眠導入剤を数種類、精神安定剤、抗うつ剤を処方されていますが、それでも悪夢はなくならず、3時間か4時間経って効果が薄まれば必ず目が覚め、眠れなくなります。寝ているときに叫んだり暴れたりするのも、マシになっている様子はありません。

常に睡眠不足なので、日中はほとんど何もできず、頭にモヤがかかったような状態が続いているため集中することはおろか、文章を書くこともできず、ほとんど毎日ベッドに横たわって過ごしています。夜になれば少し意識がハッキリするため、夜中にかけて数時間仕事をして、一日を終えます。

この悪循環から脱するには睡眠の質を改善することが必要だと考えた私は、長らく担当医と試行錯誤して薬を変えたり増やしたりしていますが、結果として、今でも悪夢は続いています。医師いわく、寝ている間に腕や足を振り回したり、叫んだりする状態が続いていることは「正常」とは言えないらしく、最近ではてんかんの症状を抑える薬を眠る前に飲んでいます。しかし、それでも状態は変わらず、自分の抱えている生きづらさがいかにしぶといのかを、不服ながらも痛感せざるを得ません。

そして申し添えておきたいのは、「虐待されていた事実を理解すること」が、必ずしも誰にとってもの正解ではないことです。あくまで私の場合は、理解し、認められたことで様々な問題を解決する方向に動き出すことができましたが、それがかえって負担になり、状態が悪化してしまう人もいるでしょう。

もしも今、これを読んでいるあなたが苦しい記憶から離れられているのであれば、無理に過去に向き合う必要はないと私は思っています。しかし試行錯誤の末、何をやっても苦しさから逃れられない場合は、まず最初に心療内科や精神科を受診し、必ず主治医の指導のもと、必要な治療を受けるようにしてもらえると幸いです。

カウンセリング治療中の心情について

カウンセリング治療を受けている間、私は小さなことで一喜一憂していたような気がします。例えば、毎日うなされていた悪夢をめずらしく見なかった日は「効果が出始めて、症状が安定してきたのかもしれない」とわずかばかりの期待に胸を躍らせ、再び悪夢を見るようになってしまったときは「もう何をしたって無駄なのかもしれない」と深く落ち込みました。

今思えば、こうした揺らぎは「あって当たり前のもの」だったのです。長い目で見てみれば、私の状況はスキーマ療法を受け始めた時期に比べてずっと良くなっています。ここで言う「良くなっている」の判断基準は、自分の中にある「生きづらさ」の正体を理解し、感情をコントロールできるようになったことです。わかりやすく言えば、抗えないほど大きな感情の波に襲われたときに「自分に何が起きているのか」を瞬時に理解し、対処する力が身に付いたのだと思います。

私の場合、例えば「大切な人から見捨てられるのではないか」という不安が押し寄せてきたとき、以前はパニック状態に陥ってただただ涙を流すことしかできませんでした。しかし今では「子どもの頃から母親に感じていた不安やトラウマが今も残っているのだな」と理解できますし、「今、自分が置かれている環境は当時とは変わった。それに、目の前にいるこの人は私を殴ったり怒鳴ったり、見捨てたりしない」と思うことで冷静さを取り戻せるようになったのです。

そうやって自分の特性を理解しているおかげなのか、不測の事態が起きた際、パニック状態に陥ったり、衝動的に自死しようとすることが劇的に少なくなったのは、私にとっては大きな救いでした。

自分を知ることとは、ひたすら孤独に自分と向き合いつづける作業ではないでしょうか。これまでは目を逸らしてきてしまった自分の負の感情、嫌な思い出たちと真正面から対峙することは、当時、想像していたよりも辛く苦しいものでした。

しかしスキーマ療法を受けて良かったと思えるのは、自分自身をより俯瞰して見られるようになったことに加えて、「過去の自分が母親にして欲しかったこと」を把握できた点です。「自分はただ、なんでもいいから母親に認めて欲しかっただけなのだ」「心の底から安心して母親を愛し、愛されたかったのだ」と知ることができてからというもの、私は以前よりも自分に優しくできるようになりました。一般的な知識として「承認不足や愛情不足のまま成長した子どもは、心にダメージを負っていることがある」と知った今は、とにかく自分の感情を無視せず、つらいときは無理して仕事に根を詰めすぎないこと。感情が不安定になっているときは、最優先で楽しいと思えることをひたすらやること。特に在宅ワークが多く、仕事とプライベートの区別が付きにくい私は、このルールを作ってから、感情の下がり幅（落ち込みの値）が小さくなったのを感じています。

「怒る」ができる人、できない人

長いあいだ治療を続けてきたおかげなのか、私は他者に対して、昔よりも意思表示をはっきりとできるようになりました。

これまでは、傷つくのが怖くて（「他者は自分を攻撃する存在」というスキーマ）喜怒哀楽の感情表現が苦手な私でしたが、スキーマ治療を続けながら、他者との関わり方を少しずつ見直してきたことで、今まで避けていたコミュニケーション、いわゆる「対話」ができるようになったのだと思います。

自分の本音をさらけ出すのは、とても勇気がいることです。特に、相手に対しての抗議や怒りの表明となると、意見がぶつかり合うことが予想されますし、気力も体力も相当かかるので、多くの人にとっては「できれば避けたい」というのが本音でしょう。

私もそのうちの一人であり、さらに相手の顔色を過剰に窺う癖を持っているため、例えばパートナーとの間でも「支配者と被支配者」の関係に陥りやすく、対等な関係を築けなかったのです。「見捨てられたくない」一心で自分のしたいこと・希望することよりも相手の意思を最優先にしようとするので、自分でも気付かないうちにストレスを内に溜め込み、我慢の限界を迎えて感情が爆発した結果、相手との関係を「突然」終わらせてしまうことも少なくありません。

「相手の幸せを尊重するタイプ」と言えば聞こえはいいと思いますが、本当のところはそうではなく、意思表示をすることで相手から嫌われてしまうこと、関係性が変わってしまうことを恐れているだけであり、短期的に見れば良好な関係性を築けるかもしれませんが、自分の感情を殺すことでしか保てない関係性は、長期的目線では決して「健全な関係」だとは言えないのではないでしょうか。

パートナーとの関係性以外でも、意思表示ができるかどうかは、自分にとって本当に心地のいい居場所を確保するためには重要な要素であるように思います。

このような「意思表示」の得意・不得意は育った環境などの後天的な要因が大きく関係していると私は考えていますが、例えば、自分と対等な立場であるはずの第三者から理不尽な目に遭わせられたときに、すぐさま怒ることができる人と、そうできない人がいます。

私はかつて完全なる後者であり、誰がどう見ても侮辱的な発言を受けているのに、自分が「侮辱されている」とすぐさま気付くことすらできず、相手に「やめてください」と抗議をすることもできないまま、被害からしばらく時間が経ってからようやく怒りや悲しみが湧いてくるタイプでした（相手との関係性にもよりますが、例えば会社の上司であるなど立場上、パワーバランスが相手側に有利な場合は、たとえ意思表示が得意な方であっても抗議しづらいというのが現状です。いわゆる「セクシャルハラスメント」「パワーハラスメント」などがこれにあたります）。

そんな私が人にはっきりと意思表示ができるようになったのは、恐らくここ最近のことで、スキーマ療法などの治療を経て自分自身に自信がついたり、少しずつ自分にとっての「安全地帯」を作ることで自己肯定感を取り戻せたことが大きく関係しているように思います。

相手に「NO」と言っても、自分の安全を脅かされないこと。自分には「NO」という権利が当然にあること。こうした認知を得るまでに20数年かかってしまったことを考えると、いかに自分が抑圧された世界で生きてきたのかを思い知らされます。

家庭内に問題を抱えていたり、学校でいじめられていたりなど、過去に心に大きな傷を負った経験があって他者との関わりに不安を感じていたり、自分の意思表示を拒絶されてしまった、抗議や抵抗が効果をなさなかった経験を持つ人々は決して少なくありません。

そうした人にとっては、まずは「安全な場所」を手に入れることこそが、ケアの第一歩になるのだと私は考えています。

転院をするにあたって

最近、人から「自分に合う良いメンタルクリニックに通いたいのですが、どのように探していますか」と聞かれることが多くあります。

私は通院する精神科や心療内科をこれまでに6~7ヵ所ほど転院していますが、「自分に合う病院」を見つけることは非常に重要なことだと思う一方で、最近では「固執しすぎるのも考えものだ」と思うことが増えました。そもそも「自分に合う」というのが人によって定義が異なりボヤッとした輪郭になってしまいがちですが、ほとんどの人が共通して重視するのは、①治療方針をしっかりと話し合い、医師と自分双方が納得のいく形で治療を進められる環境が整っているか、②治療にかかるコスト（自宅からの移動時間、費用など）が無理のない範囲であるかどうか、このあたりであるように思います。

実際に私自身もこの二つは重要視していて、通院治療を継続するには、医師（病院）との信頼関係を構築できるかどうかがかなり大きな要素です。

とはいえ患者も医師も人間ですから、初診のたった30分ほどで相手を「信頼に値する人物かどうか」を完璧に見極めるのはほとんど不可能でしょう。そのため私の場合は初診の際、「不快感を覚えず話ができたかどうか」を一定のラインとして目安を設定しています。

これまでに初診で「ここに通うのはやめよう」と判断したケースだと、例えば「こちらの話をあまり聞かず、病名などを決めつけようとする」「(医師かどうか関係なく人として)円滑なコミュニケーションをとることができない（高圧的、否定的など)」「これまで通っていた病院や治療内容を全否定する」「『××しないと絶対に治らない』などと言って、経済的な不安について相談に乗ることもなく、高額なカウンセリングなどを受けさせようとする」などがありました。

特に、こちらを馬鹿にするような態度や、高圧的な態度を取る医師に関してはおそらく今後も信頼関係を築くことは難しいでしょうし、私の苦手なタイプだということもあり、安心して通院することができないことが明らかであるため、すぐに他の病院を探すようにしています。

この本を執筆している間に、長らく住んでいた大阪から東京へ引越しをし、新天地で転院先を探さねばなりませんでしたが、やはり最初に訪れた病院の医師と馬が合わず、3年間かけて大阪の心療内科で担当医と相談しながら調整してきた薬の組み合わせや処方を全否定、まったく効かない薬（過去に試して効かなかった薬）を処方されてしまいました。おまけに、初診の問診であるにもかかわらず私の話はほとんど聞かず、話そうとしても「素人の言うことなど聞かない」といった態度で遮り、有無を言わさず週に一回8千円のカウンセリングを「5年から10年は受けなければ絶対に治らない」の一点張りで押し付けられたのです。

私はこれまでにも似た経験をいくつかしてきていたのでそこまで大きくショックを受けずに済みましたが、毎日つらくて仕方がなく、藁をも掴む思いでようやくメンタルクリニックに行き着いた人がこういった対応を取られた場合はどうでしょうか。「薬代や診療費を合わせると毎月3万円以上もかかる治療を5年から10年も続けなければこの苦しみからは逃れられない」と専門医から突きつけられることで、患者が経済的に大きく不安を抱えること、さらに自分の人生を悲観して、最悪の場合自死を選んでしまう可能性も否定できません。

過去に私に相談をくれた人のなかには、うつ病が悪化し、過去に入院歴まであるにもかかわらず、メンタルクリニックで「再びうつが悪化していて会社に行けない日も増え、経済的に厳しいので、障害年金の受給を検討している」と申し出た際、医師から「あなたレベルでは障害とは認められない。いるんですよ、あなたみたいに、ラクしたいからってすぐ障害年金を受給したがる人」と言われ、大きく傷付けられた方もいました。幸い、彼女の場合はその後、過去に入院していたという病院に転院できましたが、勇気を出してようやく訪れたクリニックでそんな酷い言葉を投げかけられるかもしれない、と思えば、悩んでいる人たちにとって、心療内科や精神科への足が遠のいてしまうのも納得です。

医師もまた人間であること

忘れてはならないのは、当然ですが医師であってもただの人間であり、善も悪も兼ね備えた生き物だということです。もし、受診したクリニックや病院が「自分に合わないかも」「このお医者さんは苦手かもしれない」と思う場合や、医師の対応で傷付けられたり疑問に思うことがあれば、気軽にセカンドオピニオンを受けることもおすすめです。よっぽどの理由があってそのクリニックや病院以外に選択肢がないわけではない限り、わざわざ我慢をしてまでそこへ通院する必要はないし、安心して通院できるところを見つけるのに越したことはありません。

あくまでこれは私の判断基準であるため、先述したケースが必ずしも悪だ、間違っている、とは言い切れません。「高圧的で否定的な態度だけれども腕だけは信用しているから通院する」のもいいと思いますし、そこは個人によって許容範囲が異なるでしょうから、「家から一番近かったから」が選んだ理由だとしてもいいと思います。ひとまず自分が納得できるまで、「自分に合うより良い病院探し」は焦らずゆっくり探しても良いかもしれません。

医師の適切な判断がないまま自己判断でクリニックに通うのをやめてしまったり、断薬してしまったりするのはとても危険な行為です。本来、治療が終了するときや薬を止める際には専門医が、患者の現在の状態や環境などを総合的に考えた上で、徐々に薬を減らすなどして、無理のない範囲で生活ができるように慣らしながら慎重に判断を行うべきものです。突発的に通院を中止することはさまざまなリスクが伴いますし、症状を悪化させることにも繋がりますから、クリニックに苦手意識を持って通えなくなるくらいなら、「ここなら通えないこともないかな」くらいに思えるクリニックが見つかれば、まずは及第点だとしてみませんか。

終章

機能不全家族から回復するために

予防すること、孤立しないこと

自分が自分にかけた呪いに気付く

本書では、主に機能不全家庭で育った私の体験をベースに「見た目ではわからない弱者」「自分のなかにあるＳＯＳに気付けない人々」の存在について書いてきました。

幼少期の体験や思春期に受けたトラウマ、また、大人になってから経験したことが何年もかけて心を蝕みつづけ、さまざまな身体症状となって表出し、ＳＯＳの信号を出している。にもかかわらず、日々をなんとか生きて行くのに必死でついつい自分の体の出す警告を見逃してしまう人たちが、現代社会には決して少なくない数存在しています。

受けた傷の強さに関して「誰の傷の方が重い」「自分の傷は軽い」といった相対的評価をする必要はないと私は思っています。本来、自分が感じている痛みは絶対的なもので、他者と比較するべきものではありません。自分の傷の痛みや、それがきっかけで生じた感情をあるがまま受け入れ、否定せず、まるまる認めてあげること。傷を治癒するためにはそれがまず最初の大きな一歩なのだと、私は今になって強く身にしみて思います。

生活のためにあくせく働いていると「現代人には、圧倒的に時間が足りない」と思う瞬間が多々あります。私が倒れてしまった24歳くらいのとき、私は平日朝9時から夜22時くらいまで働いていて、おまけに土日も出勤していましたが、特に子どもの頃から体を壊しがちだった私にとっては、あまりにもリラックスの時間や休暇が足りていなかったようです。

これを読んでいる読者のなかには「もっとつらい状況の人や、労働時間の長い人もいる」と思う方もいるでしょう。私自身も、そういう風に考えてしまい、長らく自分の心身の弱さを責め続けてきました。しかし、この自責の念こそが自分を苦しめている正体のひとつであり、自分が自分にかけた呪いにとらわれつづけていることに気付いたのは、倒れてから数年後のことでした。

他の誰がどうであれ、当時の私には置かれた環境が合っておらず、限界だったのです。考えてみれば当たり前のことですが、人間にはそれぞれ「個体差」というものがあります。知力、体力、筋肉量、脳の使い方、呼吸の仕方、物事の受け取り方、生きる上で必要なありとあらゆる機能に個性があり、その組み合わせのパターンは無限にあるでしょう。地球上のどこを探しても一人として、まったく同じ性質を持った人間はいません。

だからこそ、注目すべきなのは他人との比較ではなく「自分がどう感じているか」であり、自分の身を守るには、視覚、聴覚、触覚、味覚、痛覚など自分が持つ感覚すべてを研ぎ澄まして危機感や状況を判断することが重要なのではないでしょうか。

予防すること、孤立しないこと

しかしながら問題なのは、あまりにも疲弊しているとその感覚すら麻痺してしまって、自分の心と体に目を向けにくくなりがちなことです。そこで重要になるのが、①予防することと、②孤立しないことだと私は考えています。

あらかじめ自分の心と体のことをよく知り、ストレスや疲労をうまくコントロールすることで、無理をしないこと。例えばゲームでHP（ヒットポイント）が減り、体力ゲージが赤くなっていれば回復薬を使ったり休んだりするように、HPが0になってしまう前に何らかの対処ができるようにしておくのは、忙《せわ》しない現代社会を生き抜く上では非常に重要なスキルだと感じています。これが、①の「予防」です。

自分がどれくらい疲れているかをうまく把握できない場合（どちらかというと私も得意ではありません）は、ストレス発散やケアを決まった時間にやるなど、習慣化してしまうのがおすすめです。

例えば私の場合であれば、睡眠時間が削られることに最もストレスを感じてしまうため「最低でも7時間は寝る」という目安を決めておいて、どれだけ忙しくても睡眠時間だけは絶対に確保するようにしています。さらに嗅覚が特に敏感なので、自宅にいるときはなるべく好きな匂いで部屋を満たすようにしていて、いつもお気に入りのお香やアロマオイル、ルームスプレー、香水を切らさないようにしています。

そんな風にして、生活の中で自分なりにルールを設けるなど、ストレスを溜め込まない工夫や、癒しの時間を習慣化すると「疲弊している」という自覚がなくとも、自分をリフレッシュさせることが可能です。

外の世界が一切見えなくなってしまう

そして②の「孤立しないこと」は、この時代に生きるすべての人にとって最も重要なことだと言っても過言ではない、と私は思っています。

自分で自分の異常に気が付けないとき、その異常を察知できる人が周りにいないために社会的に孤立し、状態がどんどん悪化してしまって気付いた頃には寄る辺がない、という事態にもなりうるのです。

私はこれまで仕事で多く貧困問題を扱ってきましたが、困窮状態にある人は社会的に孤立していることが多く、自分の窮状を誰にも吐露できないまま悪循環の沼にはまっていくパターンに陥りがちです。孤立する要因はさまざまありますが、精神的に余裕がなかったり追い詰められているとき、あるいは身体的に疲弊しているとき、人は毎日を生きていくことに必死で、無意識に「最低限」の生活を送ろうとします。

例えば以前の私もそうであったように、毎日職場と自宅の往復だけで精一杯で、趣味や娯楽、対人コミュニケーションの時間すら惜しくなり、余暇時間はすべて睡眠などの休息に充てようとする。

すると自然と人間関係は希薄になっていき、職場や学校、同居している家族でさえ、だんだんと関わりがなくなってしまうのです。不必要な交流をなくす、と書くと一見して「低コストで無駄のない生活」で快適そうにも思えますが、社会性のない生活はリスクが高く、客観的な視点が一切入らないゆえに相談する宛てもなく、「自分には今の生活しかない」と強く錯覚してしまいます。これこそまさに「井の中の蛙」状態で、外の世界が一切見えなくなってしまうのは、非常に恐ろしいことです。

金銭的な困窮は特にそうですが、精神や身体の不調もまた、他人に相談しづらい性質であるために自分一人で抱え込もうとしがちで、孤立を深める大きなきっかけになります。だからこそ、そうなる前に自分の状態を把握して、ストレスをうまく逃がしたり環境を調整できるように工夫すること（とても難しいですが）、つらいときには誰かに助けを求めたり見つけてもらえたりするよう、世界との関わりを絶たないことが必要不可欠なのです。

みんながんばっているから、弱音を吐いてはいけない。私たちは子どもの頃から「人に迷惑をかけずに生きなさい」と教わってきました。本当に困ったとき、助けを求める方法を誰からも教えてもらえなかった人も少なくないでしょう。

今、自分が苦しくて困っていることを誰にも言えない。言えば、一体周囲からどんな目が自分に向けられるか、みんなわかっているから。

サポート体制を頼ること

とはいえ、助けを求めろ、孤立しないようにしろ、と突然言われてもどうすれば社会や人とのつながりを絶たずにいられるのか、あるいは新しく誰かとのつながりを生み出せるのか、わからない人も多いでしょう。これは確かに現代社会においては課題でもあるのですが、例えば学校や職場など「所属先」がない人、つまりどこにも所属していない人たちにとって、居場所や依存先を探すことは簡単なことではありません。

しかし私は、この状況に絶望する必要はないと思っています。例えば家から出ることが可能なら、「毎日（あるいは定期的に）行く場所（公園、お店、コンビニ）を作る」ことで「いつもそこに行けばいる人」を見つけられるかもしれません。必ずしも会話をする必要はなく、最初は「ここに来れば誰かがいる」という認識を持つこと自体が重要なのです。もし助けを必要としたときにこうした場所があるのとないのとでは、それだけでも大きな違いがあるはずです。もしかすると、予期せぬ出会いがあるかもしれません。

もし家から出ることが困難であったり、不安を感じていて誰にも相談できなかったり、今すぐ助けが必要な場合は、電話やインターネットを活用することができます。生活に困りごとがあって、誰にも相談できない状態であれば、自治体の窓口の他に、厚生労働省が運営している「よりそいホットライン」という電話相談窓口（０１２０-２７９-３３８）に電話、またはホームページに記載のあるＳＮＳで相談をすれば、今必要としているサ

ポートを受けることができます。（※岩手県、宮城県、福島県からおかけになる場合は0120-279-226へ）

こうしたサポート体制を頼ること、あるいは、インターネットやSNSで自分が好きなもの、趣味、病気のこと、悩みなどを共有してみるのも一つの手だと思っています。自分の素性を知らない、画面の向こうにいる知らない誰かだからこそ話せることも、決して少なくないのではないでしょうか。

不健全な社会では「自分が今苦しんでいる」という「状態」そのものですら、一切誰からも肯定も、承認もされません。だから自分でさえ、自分の苦しみに気が付いてあげることもできません。皆が自分自身に「甘えるな」と鞭を打ちながら、毎日を生きることに必死になってしまいます。

そんな「呪い」から、この社会に生きるすべての人が解き放たれることを心から願っています。

［著者について］ **吉川ばんび**（よしかわ・ばんび）

1991年、神戸市生まれ。作家・ジャーナリスト。

2014年、関西大学法学部法学政治学科卒業後、商社、司法書士事務所を経て独立。

貧困や機能不全家族の問題について自らの生い立ち、貧困体験をもとに執筆や取材、問題提起を行う。2023年4月より、東京大学大学院情報学環教育部に在学中。

「文春オンライン」などウェブ媒体や雑誌への寄稿のほか、メディアへの出演も多数。

ワタナベエンターテインメント所属。著書に『年収100万円で生きる――格差都市・東京の肉声』（扶桑社新書）がある。

機《き》能《のう》不《ふ》全《ぜん》家《か》庭《てい》で死《し》にかけた私《わたし》が生《せい》還《かん》するまで

2023年5月30日　初版

著者　吉川ばんび

発行者　株式会社晶文社
〒101-0051
東京都千代田区神田神保町1-11
電話　03-3518-4940（代表）・4942（編集）
URL http://www.shobunsha.co.jp

印刷・製本　株式会社太平印刷社

ISBN978-4-7949-7364-1 Printed in Japan